Le droit d'être libre

ÉRIC DUPOND-MORETTI

Le droit d'être libre

Dialogue avec Denis Lafay

RÉCIT

J'AI LU

©Éditions de l'Aube, 2018

Le bon et la canaille

Ce lundi de printemps, nous achevons la série d'entretiens, initiée deux mois plus tôt, à partir de laquelle ce livre verra le jour. Nous dînons près de son bureau, à... *L'Évasion* (!), chez l'un de ses amis corses. Au menu, une salade de poulpes justement assaisonnée, puis une fondante pièce de bœuf. Nous prenons place à « sa » table, située sous un discret vasistas, Éric allume sa première cigarette. Les vociférations de l'impétrant touriste nullement gêné par l'odeur, mais offusqué par l'anormalité ou simplement la liberté du geste, sont vite réprimées par l'hôte. Une première bouteille, celle du domaine roussillonais Saint Thomas dont mon convive partage des allocations, est rapidement consommée. Suivent d'autres flacons, proposés par un restaurateur heureux de les faire découvrir et de les soumettre à deux palais avisés. Éric et moi devisons d'une passion commune : la *belle* chanson française. Celle de Ferrat, de Brel – Éric n'est-il pas infiniment « brélien », n'aurait-il pas pu composer *Jef, Jojo, Fernand* ? –, de Barbara, de Ferré, de Brassens, d'Escudero. Celle aussi de Reggiani, dont sa compagne Isabelle Boulay a revisité une quinzaine de titres. Je lui avoue ma circonspection. L'interprète de *Ma fille*, de *L'Absence*, du *Petit garçon*, de *Quelles Amériques*, celui que je suis allé admirer sur différentes scènes et dans des conditions de chant lors desquelles la fragilité, la souffrance, le déclin, irradiaient plus encore l'intensité des textes et l'émotion des spectateurs, pouvait-il échapper à l'éreintement, même à la trahison ? Je promets à Éric d'écouter et de lui dire. Sur le chemin du retour, pendant l'heure qui d'un pas lent me mène de la place des Augustins à la rue de Verneuil, dans ce Paris désormais assoupi et silencieux, je me connecte sur l'album. Je le concède : la voix, tout en retenue, de l'avenante Québécoise respecte les mots et leur musicalité, mais aussi sanctuarise la mémoire de l'interprète originel, elle honore ces mots, car elle ne les corrompt d'aucun excès ni artifice, elle ne les dénature pas de l'anecdote et du spectaculaire si communs chez les artistes qui osent la « revisitation », elle semble même avoir commandé le sens des textes aux Rivière, Dabadie et autres Moustaki qui en sont les auteurs. Éric m'avait confié « pleurer » à la voix qu'elle pose sur *Si tu me payes un verre*. Je me promets d'y être encore plus attentif qu'aux autres chansons, pour espérer saisir un peu plus de cette âme *a priori* assez limpide, en réalité d'une immense complexité, cette âme formée d'un entrelacs de convictions, de certitudes, de paradoxes, de doutes, de fois, difficilement déchiffrable, cette âme que nervurent des méandres autant abîmés que nimbés par l'accumulation de combats. Des combats dans et autour des prétoires d'assises, des combats de « vies » personnelle et professionnelle – et notamment des combats professionnels pour exorciser des combats personnels –, des combats pour les autres et pour lui-même, des combats face aux autres et face à lui-même. Des combats qui consument mais qui font la justification d'être vivant.

10

Alors j'écoute *Si tu me payes un verre*.

Dix fois, cent fois, parce que l'émotion qu'exhale la voix de la chanteuse dépasse même celle qu'on croyait réservée au seul timbre et au seul vécu de Serge Reggiani. Mais un seul passage aurait suffi pour comprendre ce que la chanson déclenche dans le corps d'Éric, dans le corps de l'homme et de l'avocat Dupond-Moretti, dans le corps de celui qu'ont tour à tour mutilé, réparé, enfiévré, enivré, restauré, tuméfié, exalté, démembré, tant de luttes et tant de plaidoiries.

Si tu me payes un verre, je te ne demanderai pas
Où tu vas, d'où tu viens, si tu sors de cabane
[...] Si tu traînes tout seul avec un cœur en panne,
Je ne te dirai rien je te contemplerai
[...] Nous viderons nos verres et je repartirai
Avec un peu de toi pour meubler mon silence
Si tu me payes un verre, tu pourras si tu veux
Me raconter ta vie, en faire une épopée
En faire un opéra, j'entrerai dans ton jeu
Je saurai sans effort me mettre à ta portée
[...] Si tu me payes un verre [...]
Je te regarderai comme on regarde un frère
Un peu comme le Christ à son dernier repas
Comme lui je dirai deux vérités premières
Il faut savoir s'aimer malgré la gueule qu'on a
Et ne jamais juger le bon ni la canaille
Si tu me payes un verre, je ne t'en voudrai pas
De n'être rien du tout, je ne suis rien qui vaille[1]

« Ne jamais juger le bon ni la canaille » : Éric sait qu'il est lui-même *bon* et *canaille*, il sait que tout individu est à la fois *bon* et *canaille*, il sait qu'en

1. Paroles de Bernard Dimey, musique de Cris Carol. Album de Serge Reggiani *La Chanson de Paul*, 1975.

chaque accusé coexistent le *bon* et la *canaille*, il sait les facteurs exogènes stimulant la part de *canaille*, il sait que le *bon* n'est pas toujours le meilleur, ni la *canaille*, le pire, il sait que l'avocat a pour devoir de révéler ou d'exhumer la part de *bon* qu'a pu éteindre la part de *canaille* et que veut enterrer l'opinion publique ; voilà pourquoi dans cette exhortation à « ne jamais juger le bon ni la canaille » est concentré le *sens* dont il pave son existence, le *sens* qu'irrigue sa vocation.

L'homme et l'avocat font certes naturellement congruence, et la schizophrénie n'est que fantasme. Parfois néanmoins ils se contrarient, parfois aussi ils se dissocient, parfois sans doute ils s'écharpent. Peut-être même, tel un schisme, leur est-il arrivé de se détester, de divorcer, d'entrer l'un et l'autre en dissidence le temps d'un débat intérieur incandescent. Ils ne sont pas *indestructiblement indivisibles*, et c'est évidemment dans l'infini nuancier des écartèlements et des interrogations, des renoncements et des esquives, des déconvenues et des répliques que s'écrivent les « leçons » de ce double parcours d'avocat et d'homme. Éric s'en défend, et d'ailleurs son irréductible concentration sur le travail de la preuve contre la pollution morale, contre les scories des institutions judiciaire et médiatique, contre l'inquisition de l'opinion publique, pourrait l'attester. Pour autant, ce qui est éthique dans sa construction d'homme ne peut pas être *totalement imperméable*, ne peut pas être *intégralement étanche* avec la nature des dossiers qu'il accepte, avec l'identité de ceux qu'il défend, avec l'objet des accusations examinées ou des crimes perpétrés, avec le « tremblement de terre » que certains actes poursuivis provoquent sur le collectif formant la société. Ce qu'entreprend l'avocat permet de mieux « lire » l'homme, de mieux cerner l'intimité d'un colosse qu'au fil du temps les épreuves ont lézardé, et les joutes, crevassé, de mieux déchiffrer ce visage tendu que les combats et des fantômes ont ridé, raviné, cabossé, mais qui brusquement peut laisser place à un large sourire – annonciateur d'une générosité copieuse, tripale –, de mieux approcher les émotions, tour à tour extatiques et funèbres, qu'a sédimentées l'accumulation des procès *gagnés* et des procès *perdus*, de ces procès qui « disent » beaucoup de l'état de la société. De l'état du monde. De l'état de l'« humanité des hommes ». Et c'est essentiellement à « donner » à mieux comprendre ce *monde* et cette *humanité des hommes*, à « donner » au lecteur *raison* et *matière* de questionner ce qu'il *est*, d'investiguer ce qu'il *pense*, de convoquer ce qu'il *exige*, d'explorer ce qu'il *croit*, que s'emploie ce dialogue. Car effectivement, la manière dont Éric examine l'exercice de son métier et ausculte l'interprétation sociale, sociétale, voire civilisationnelle, de certains procès, plus encore de certaines *histoires humaines*, livre beaucoup, énormément même, sur ce que nous *sommes*. Mais aussi ne *sommes plus*, ou *devrions être*. En premier lieu dans le rapport à la *liberté* qu'établissent aujourd'hui l'individu et la collectivité.

En octobre 2017 se tenait le procès d'Abdelkader Merah, à la cour d'assises de Paris. Le frère de Mohamed Merah y fut condamné pour « association de malfaiteurs terroriste » et acquitté du chef de « complicité d'assassinat ». La défense la plus âpre, la plus brûlante, la plus dévorante, confie Éric, frappé à l'issue du verdict d'une déflagration intérieure, d'une *descente aux enfers psychique* qui concluait la *descente aux enfers publique* qu'une partie prédatrice des médias, de l'opinion et de la communauté intellectuelle avait infligée à celui qui s'était rendu « coupable » de défendre le *mal absolu*, de « défendre l'indéfendable ». L'indéfendable, ici, ne signifiant pas une situation perdue d'avance, mais une cause qui ne méritait pas d'être défendue. L'indéfendable qui, aux yeux de l'intéressé, forme la raison, la justification même d'être avocat. L'indéfendable, au nom et au profit duquel la belle mais passive *indignation* se métamorphose en utile *colère*. Au risque, comme ce fut le cas avec éclats, qu'au tribunal public s'impose la confusion entre *ce que l'on est* et *celui que l'on défend*, et donc que s'insinue l'innommable : la porosité, même infime, des causes menées par les deux protagonistes. Une sentence plus insoutenable que l'avanie et la tentative d'opprobre. Sans doute, d'ailleurs, est-ce dans cet amalgame vipérin, amplement instrumentalisé, que la blessure s'avéra la plus insupportable chez celui dont la grand-mère avait caché et sauvé des Juifs pendant la Seconde Guerre mondiale. La scission entre ce qu'il *éprouva réellement* au fond de lui, au plus loin dans l'intimité de son humanité, et ce que son aréopage, les médias et l'opinion suspectèrent qu'il *éprouvât réellement*, aurait pu davantage que « seulement » fissurer l'apparente armure : la morceler progressivement, la disloquer par fragmentation, voire la pulvériser instantanément.

L'anathème qui se déversa sur lui puis l'enténébra fut proportionné à l'hystérie, paroxystique, qui particularisa les débats. Paroxystique, et surtout symptomatique d'une époque inféodée aux nouvelles dictatures qui ont pour noms réseaux sociaux et anonymat des auteurs des pires diatribes ; hypermédiatisation, immédiateté et concurrence délétère d'une information approximative, sensationnaliste et exhibitionniste ; anéantissement des règles élémentaires de distance, de recul, de hauteur. Et bien sûr suprématie et même omnipotence de la règle morale. Ainsi, par l'entrecroisement et la collusion de ces facteurs, le citoyen se sent autorisé à être procureur ; comme jamais sa vanité, son narcissisme, sa fatuité, sont sollicités, et il est conforté dans son « droit » d'être juge, dans son « droit » d'imprécateur. Alors, il ajuste son appréciation sur les caractéristiques de sa contemporanéité : intrusive, hâtive, manichéenne. Un environnement binaire, blanc et noir, qui démolit l'éventail infini des gris abritant pourtant la richesse des débats intimes et publics, la qualité des discernements. La réalité des situations. La « juste décision ».

Cette « affaire » comme celles évoquées dans les chapitres suivants – Outreau, Carlton, Cahuzac, Tron, Benzema, Luhaka – livrent d'autres enseignements, précieux, sur l'état de la société. Et donc, en filigrane, sur l'état, esquinté, altéré, même avarié, de la démocratie, et sur les conditions, atrophiées, de concevoir, d'initier, de bâtir, de vivre *ensemble*. *La grande fébrilité* de la démocratie cristallise pour partie la *grande vulnérabilité* à laquelle les libertés sont exposées. Une société aseptisée, conformiste et hygiéniste, excessivement victimaire, bien-pensante et uniformisée, hyperpuritaine, étranglée par le principe de précaution, oxydée par les tyrannies de la norme, de la transparence et du « politiquement correct », docile devant l'inacceptable au point, en toute conscience ou en toute cécité, que la liberté de *penser*, la liberté de *dire*, la liberté de *créer*, la liberté de *faire*, donc la liberté d'*être* tarit. Même l'autocensure, sans doute la plus honteuse des injures proférées contre la liberté et surtout à l'égard de ceux

« mal nés » sous des régimes despotiques, gagne du terrain, cimente pas à pas. Une rigidité, un dogmatisme, un endoctrinement, des imbrications aux effets collatéraux qui intoxiquent en profondeur son fonctionnement et ses équilibres, elle que rongent déjà d'autres maux, au premier rang desquels le matérialisme, la cupidité, le mercantilisme, la marchandisation, la loi des puissants – et l'ostracisation des perdants – par la faute desquels la tour Eiffel se pare plus volontiers des couleurs d'un joueur de football acheté 220 millions d'euros que des traits du prix Nobel de médecine découvreur du VIH.

Les illustrations de cette déliquescence ruissellent abondamment. Le diktat de la transparence déshabille l'intimité, il travestit l'intégrité et légitime l'immixtion, il dévaste le droit au secret, le droit au silence, le droit à la subversion, le droit à la singularité et à la marginalité, donc la liberté de modeler son éthique et de se construire y compris dans la transgression. L'aspiration, capitale, des femmes à mettre fin aux comportements pénalement coupables dérive jusque dans l'irrationnel, jusque dans une antagonisation convulsive, jusqu'à se perdre dans une hystérique « chasse à l'homme » aux conséquences insoupçonnées pour la reconnaissance des particularismes propres à chaque genre, pour l'harmonie des relations, au final pour la cause même des femmes ; ainsi, l'injustice des rémunérations, l'une des plus inacceptables, continue de prospérer pendant que la blague grivoise ou la confession admirative pour une jolie courbe de reins ou un décolleté séduisant sont passibles de châtiment. L'ère victimaire, inédite « et totalitaire », cette considération désormais hégémonique de la *victimisation* indissociable d'une force de frappe *émotionnelle* devenue tentaculaire et qui confine le procès pénal à la catharsis du règlement psychiatrique des douleurs des victimes, hypothèque la cautérisation des plaies et donc l'apaisement chez ceux-là mêmes qui, si naturellement, l'espèrent – cloîtrer les victimes dans leur posture victimaire peut les enfermer dans leur statut de victime. Un syndrome qui par capillarité infecte au-delà du champ de la justice : ses effets sur l'infantilisation et la déresponsabilisation des consciences sont-ils discutables ?

Quant à l'évidente nécessité de juguler le péril terroriste, elle « justifie », chez nombre de citoyens, de se soumettre individuellement et d'asservir l'ensemble de la collectivité à une compression des libertés. Laquelle, en réalité, constitue pour les djihadistes une conquête inespérée. N'entend-on pas « qu'il serait *peut-être* préférable de ne pas blasphémer », qu'il « faut *peut-être* se discipliner au moment de provoquer », que les auteurs de *Charlie Hebdo* « n'étaient *peut-être* pas totalement étrangers à leur propre assassinat » ? Et c'est bien dans l'emploi de l'adverbe commun à ces formulations, dans l'acceptation même infime de ce qui est inacceptable, que se tapit la grangrène, prête à se répandre. Enfin, l'hypersécurité dictée par la tenue de ces procès empêche un examen holistique, dépassionné, désidéologisé et absolument fondamental, d'un enchaînement de circonstances qui stigmatise des dysfonctionnements de la société ou questionne des spécificités de l'islam – citons, pêle-mêle : les rapports à la vie, aux femmes et à la sexualité, les modèles éducatifs et familiaux, les mécanismes de martyrisation, de toute-puissance et d'héroïsation, les discriminations éthniques et le déclassement social, la ghettoïsation et le refuge communautariste, le sentiment d'abandon y compris spirituel, la fascination mortifère et sectatrice, la quête de rédemption et de sens existentiel, l'organisation de l'islam, et bien sûr la servilité aux réseaux sociaux. Ainsi, dans une telle confusion, dans un tel mépris du discernement, peut fructifier la double assimilation, funeste : celle qui associe le *musulman* au *musulman-radicalisé* puis au *musulman-radicalisé-djihadiste* et enfin au *musulman-radicalisé-djihadiste-terroriste* ; et celle qui ensemence la *peur de l'islamisme radical* dans la *peur de l'islam* puis dans la *peur des musulmans* puis dans la *peur des étrangers* ou des Français originaires du Maghreb.

Ces quelques exemples, parmi d'autres, témoignent que le venin de la « radicalité des esprits » a inoculé en profondeur. Il coagule méthodiquement, se diffuse jusqu'aux plus lointaines anfractuosités, et contamine des racines que l'on croyait inatteignables, immunisées. Ainsi, comme d'aucuns le murmurent en privé, le distillent en famille, le partagent entre amis, mais également, comme des caciques politiques aussi populaires que Viktor Orbán le clament publiquement, la peine de mort ne devrait-elle pas… ressusciter ? Et d'ailleurs, non seulement en Hongrie, mais de l'Autriche à l'Italie, de la Pologne jusqu'à la France et à l'Allemagne, elles aussi durablement empoisonnées, la manière dont l'Europe populiste, xénophobe, ségrégationniste, identitaire, se dilate, s'étend, infuse les consciences, transcende les corps sociaux, et donc brunit les âmes, ne résulte-t-elle pas d'une abdication des libertés, d'un assujetissement au spectre liberticide ? *In fine* du triomphe de la peur, du repli et du rejet sur les libertés ? Sur *la* liberté ?

La liberté ne peut qu'effrayer dans un moment de l'Histoire où ce qui échappe à la visibilité, au contrôle, à la quantification, à l'anticipation, à la simplicité inquiète. Dérange. Affaiblit. Le temps des raccourcis et des compartimentations si confortables est suzerain, la « martyrologie des libertés » implacablement décortiquée par François Sureau dans son précieux opuscule *Pour la liberté* (Tallandier, 2017) s'est imposée et ramifie méticuleusement grâce à l'apathie, à la surdité, à la résignation, à la pleutrerie fertiles. À la faveur notamment de l'effacement des obstacles géographiques, spatiaux, temporels, de la profusion d'innovations matérielles et technologiques, domine la perception que la liberté a, *partout*, progressé ; simple hallucination, fallacieuse illusion : *partout* en réalité dardent, maquillés, rampants, camouflés, les indices d'un rétrécissement. D'une torpeur. La liberté est subtilement séquestrée, comme les régimes dits *illibéraux* ou *démocratures* subtilement confisquent la liberté et subtilement dépècent la démocratie. « La démocratie est en danger, mais elle est moins menacée par le terrorisme que par les réponses que la démocratie lui oppose », estime Éric. La complexité chère à Edgar Morin, cette complexité qu'il est capital d'accepter, d'exercer et de polliniser pour bâtir *son* monde et *le* monde, est en effet comme jamais en péril. Pourtant, n'est-ce pas dans *la liberté* que germe l'essentiel, la justification même de l'existence : le sens et l'humanité auxquels on l'arrime ?

Cette rapide évocation est démonstration, parmi d'autres développées dans l'ouvrage, que ce qui *est* et *fait* justice constitue un révélateur anatomique de ce qui *est* et *fait* société. Et l'une des plus inquiétantes superpositions des deux sphères porte sur le degré d'humanité. Ou plutôt sur le degré d'*inhumanité* que la population, *conditionnée aux* ou *conditionnant les* professionnels de la justice et de la politique, est prête à concéder, sciemment ou non, en tous les cas sans véritable intuition des répercussions qu'une telle capitulation sécrète. Or il n'existe pas de progrès humain s'il y a recul des libertés, dépérissement des libertés, renoncement aux libertés – en premier lieu si la liberté *individuelle* de décider de son *individualité* est compromise. Ainsi, ce contexte civilisationnel projette sur scène des sujets d'humanité fondamentaux comme le *doute* ou le *pardon*, nécessairement malmenés lorsqu'une quête aussi manichéenne, radicale et moralisatrice de la vérité, lorsqu'un traitement aussi antithétique du *bien* et du *mal* dictent leur... loi. « Ce n'est pas le doute qui rend fou, mais la certitude. » Cette assertion de Nietzsche résonne opportunément dans la bouche d'Éric... effondré à la lecture des études qui, à l'unisson, esquissent la propension de l'opinion publique à « toujours plus » : de sévérité dans les sanctions, de durcissement des conditions de détention, de punition pour les auteurs de délits... desquels elle se croit épargnée. Accepter qu'autrui pense autrement, sans que l'adverbe n'autorise le moindre jugement, la moindre excommunication : voilà « aussi » à quoi ce dialogue invite, et les passages articulant *morale personnelle, juste justice, bon verdict, acquittements techniques, traitement du mensonge, condamnation de l'intention, hiérarchie des crimes*, ne manqueront pas de nourrir la conscience du lecteur – également, il faut l'espérer, de mettre en débat et en déséquilibre certaines de ses certitudes. Éric n'est l'apôtre de personne, il n'est le disciple, le prophète ou le prosélyte d'aucune idéologie, il ne commande aucune procession doctrinaire, il s'abstient d'évangéliser. Et pourtant, que d'interpellations, de leçons, son itinéraire féconde...

La liberté est partout en péril, et je l'aime. Je me demande parfois si je ne suis pas l'un des derniers à l'aimer, à l'aimer au point qu'elle ne me paraît pas seulement indispensable pour moi, car la liberté d'autrui m'est aussi nécessaire. (Georges Bernanos, *Le Chemin de la Croix des âmes*, Gallimard, 1943)

Essentielle confession. Elle rappelle que toute liberté propre est cardinale, mais qu'elle est *peu* et même qu'elle n'est *pas* sans la liberté de l'autre, de tout autre. De chaque autre. Cette réciprocité n'est pas négociable, cette consubstantialité est sacrée, quels que soient les ports auxquels ces libertés font le choix de s'amarrer. Dans l'une des missives – adressée à son épouse Winnie le 23 juin 1969 – composant ses *Lettres de prison* (Robert Laffont, 2018), Nelson Mandela, incarcéré dans les geôles sud-africaines de 1962 à 1990, invoque « l'espoir, une arme puissante qu'aucun pouvoir sur terre ne peut vous enlever ». Il énonce aussi les conditions pour que se modèle une nation désaliénée, pour que se dresse un peuple affranchi des jougs inhibiteurs, sclérosants, un peuple débarrassé de ses chaînes, de toutes les formes de chaînes qui entravent l'émancipation et l'accomplissement de chaque être. Une nation, un peuple, des êtres *en chemin vers la liberté*. Les batailles menées par l'avocat-pénaliste ne prétendent bien sûr pas être mesurées à l'indicible chemin de croix, à l'ineffable sacrifice qui valent à l'iconique militant pour la paix d'incarner partout et pour toujours la *nécessité vitale de liberté*. Son engagement intellectuel, éthique, humain, développé dans ces pages, aide, en revanche, à débroussailler *ce chemin vers la liberté*. Éric revendique « le droit d'être libre ». Mais ce droit, il ne le confisque pas, il s'emploie à le partager, à l'essaimer, ainsi il appelle le lecteur à s'emparer lui-même *du droit d'être libre*, et pour cela à exercer, à honorer *ses devoirs à l'égard de la liberté*. Pour soi et pour tous, au nom également de chaque être privé de liberté. C'est là le ferment, immanent et immarcescible, des combats que l'insoumis mène depuis trente-cinq ans, « tout entier » dans la succession de faits de vie qui ont façonné une personnalité extra-ordinaire, et conscient de cette « chance, infinie, d'être libre ». Liberté qu'il se doit, inlassablement, de protéger des démons de l'hubris, des pièges – toutes les formes, grisantes, de lumière rôdant autour de lui – qui menacent de fâner cette *raison d'être*, cette *foi de faire*.

Éric Dupond-Moretti ne peut donc être un *homme en paix*. Ne peut ni ne veut. Ni ne doit.

Tant qu'il *sera en révolte*, tant que sa *volonté de révolte* continuera de contenir dans l'acceptable les manifestations de l'inéluctable embourgeoisement, tant que sa *capacité de révolte* l'escortera pour maintenir les compromissions à distance honorable, il ne se courbera pas, il ne ploiera pas. Il trébuchera peut-être, mais il ne vacillera pas. Il s'égarera peut-être, mais il ne s'exilera pas. Il restera intranquille, il demeurera guerrier, debout sur la muraille. Le tombeau auquel ses contempteurs le destinent n'est, pour l'heure, que divagation.

Toute société aspirant à faire progresser son humanité a pour responsabilité d'être archétypale. Elle ne peut prétendre à l'humanité si elle n'est pas exemplaire à l'égard de ceux qui se rendent coupables des actes même les plus inhumains. *Vous n'aurez pas ma haine*, avait ainsi titré son livre Antoine Leiris, veuf d'une victime de la tuerie du Bataclan

(Fayard, 2016). « Tout fautif qu'il soit [ou qu'il est supposé être], l'accusé est l'un des nôtres », conjecture l'ancien magistrat François-Louis Coste. « Ma part d'humanité me rappelle sans cesse que je suis le fruit de mon histoire », corrobore Éric. Sa *part d'humanité*, tout autant aussi sa *part d'inhumanité* puisque l'action thérapeutique de la défense consiste à « brosser le portrait d'un homme ou d'une femme dans le prisme de ce que l'on est soi-même, à porter sur l'accusé un regard qui réfléchit celui que l'on se destine. Plaider, c'est se raconter ». Et d'appliquer cette règle à chaque accusé, « quoi qu'il ait perpétré. Il est un être humain. Le regarder comme un monstre signifierait la disparition de ma part d'humanité. » Comme un étonnant écho, *avant-hier* aux écrits de Victor Hugo dans *Le Dernier Jour d'un condamné* ou d'Émile Zola face aux antidreyfusards, *hier* à Bernard Dimey invitant à « ne jamais juger le bon ni la canaille ». D'apprendre à considérer chaque autre, quel qu'il soit, dans l'infini éventail de ses attributs – des plus sombres aux plus lumineux –, dans son droit d'être fragile, vulnérable et donc dans sa possibilité de (dé)faillir, dans sa *singularité d'être* qu'on ne peut aborder qu'au prix d'une *singulière liberté*, ne contribuerait-il pas à réhumaniser bien davantage que la justice : l'humanité elle-même ?

Denis LAFAY

Chapitre 1

Affaire Abdelkader Merah : un événement « judiciaire » et des enseignements « supra-judiciaires » hors normes

Denis Lafay. – Le 2 novembre 2017 s'est clos le procès, aux assises de Paris, d'Abdelkader Merah, condamné à vingt ans de réclusion criminelle pour « association de malfaiteurs terroriste » et acquitté du chef de complicité des assassinats commis par son frère Mohamed. Ce procès a enflammé opinion publique, professionnels de la justice, médias, pendant cinq semaines. Il vous a aussi projeté personnellement, intimement, au tribunal des jugements, de l'incompréhension, de l'opprobre, de l'inquisition, de l'admiration. Comment dans le recul du temps, l'homme et l'avocat Dupond-Moretti interprète-t-il cet événement judiciaire ? Qu'en conserve-t-il humainement de stigmates, mais aussi d'accomplissement ?

Éric Dupond-Moretti. – Pourquoi, tout d'abord, ai-je accepté cette défense ? À cinquante-sept ans, je suis dans une période de ma vie où, de toute évidence, la route me restant à parcourir sur les plans professionnel et personnel est plus courte que celle déjà effectuée. Un tel dossier incarne à son paroxysme l'appréciation populaire de « l'indéfendable », il symbolise le « mal absolu », et donc, à mes yeux, l'essence même du métier d'avocat : assurer la défense d'un homme ou d'une femme qu'absolument tout – le contexte et la nature supposée des actes, l'environnement médiatique, l'opinion publique – condamne. Mon premier réflexe, lorsqu'Abdelkader Merah prit contact avec moi, fut l'inquiétude et le doute...

Denis Lafay. – La peur d'une « casse » protéiforme : intérieure, affective, humaine, mais aussi professionnelle – pour la réputation du cabinet – et exercée par la force de frappe médiatique, politique, et bien sûr populaire ?

Éric Dupond-Moretti. – Absolument. Mais très vite l'évidence s'est imposée. Me soustraire à cette sollicitation aurait constitué, dans ma conscience, un renoncement inacceptable, même pire : un reniement insupportable. Mon associé Antoine Vey et mon collaborateur Archibald Celeyron, dans un premier temps, étaient eux-mêmes circonspects : leur jeunesse allait, en théorie, s'accommoder encore plus difficilement du déferlement de réprobations et d'offenses auquel nous n'allions pas manquer de faire face. Ils ont pris le temps de réfléchir, ils ont saisi que leurs noms seraient indissociablement et pour toujours associés à cette affaire, et ils ont accepté de m'accompagner. J'en fus d'autant plus heureux que cet engagement signifiait la continuité et la transmission de ce que j'entreprenais depuis plus de trente ans. Avec le recul, j'ai acquis la certitude que cette affaire à la fois a été la plus difficile et la plus éprouvante, et m'a rendu le plus fier.

Denis Lafay. – Toute cause doit être défendue, mais toute cause n'est pas défendable selon l'échelle personnelle des valeurs de l'avocat. En effet, ce dernier est aussi un « être humain » qu'éveille une conscience, que compose un éventail singulier de principes et de convictions, que particularisent une histoire, une éducation, des repères, et donc une morale qui lui est propre. Or si l'avocat et l'être humain s'autonomisent parfois jusque dans la schizophrénie, ils ne peuvent compartimenter, imperméabiliser strictement ces états, et ils demeurent indissolubles, indivisibles. Quels types de dossiers dits indéfendables, et donc exigeant plus que d'autres d'être défendus, pourriez-vous renoncer à défendre ?

Éric Dupond-Moretti. – Je pourrais défendre un négationniste, je ne pourrais pas défendre un négationniste me demandant de plaider l'inexistence des chambres à gaz... Voilà un exemple de la ligne de démarcation que je m'impose : l'absolue délimitation entre l'accusé et la cause qui a motivé son accusation. L'avocat court toujours le risque d'être assimilé à la personne qu'il défend. Ce péril, je l'ai particulièrement mesuré dans l'affaire d'Outreau : pendant longtemps je fus une *ordure* qui défendait des *bêtes*, puis je devins le *héros* qui avait sauvé des *innocents*. Le temps de ce procès, bien sûr l'avocat et les accusés étaient demeurés les mêmes personnes, ils n'avaient pas été transfigurés sous l'inversion du regard que leur destinaient une opinion publique et des médias progressivement « retournés » ; et en définitive, l'opprobre déversé sur les « salauds » puis l'excès d'honneur qui nimbait les mêmes cette fois disculpés, étaient tous deux excessifs.

Denis Lafay. – Dans l'esprit des spectateurs, la porosité, voire la confusion des défenses, celle de l'accusé(e) et celle de la cause qui a motivé son acte, demeure un risque difficilement évitable, et proportionné à l'envergure émotionnelle qu'inspire ledit acte...

Éric Dupond-Moretti. – L'expérience d'Outreau ne laissait aucun doute sur ce que la défense d'Abdelkader Merah allait nous réserver : nous allions être contaminés par le crime reproché à notre client. Or suis-je un islamiste radical ? N'abhorré-je pas cette barbarie, ne suis-je pas intimement blessé, dévasté, en deuil, lorsque l'idéologie islamiste provoque des attentats ? Au fond de moi, ai-je une quelconque compassion pour le sort réservé à ceux que les forces de l'ordre « neutralisent » ? Suis-je celui que le journaliste Nicolas Demorand – animateur de la tranche 7 heures-9 heures de France Inter –, dans une dérive éthique et professionnelle ignominieuse, a jugé insensible au sort d'un petit garçon suçant sa tétine et assassiné ? Un avocat défend un être humain, il ne défend pas une cause, et donc l'identifier, même à la marge, à ladite cause et aux interprétations qu'elle suscite naturellement et légitimement dans la conscience de chaque citoyen, est une lourde erreur. Je suis un homme et un avocat libres, l'un et l'autre n'ont jamais participé à une quelconque association – militante, philosophique, spirituelle, corporatiste –, et donc je me sens libre d'accepter de défendre ce qui est trop communément jugé indéfendable. « Comprendre, c'est presque justifier. » Cette phrase de Primo Levi a toute légitimité dans son chef-d'œuvre *Si c'est un homme*[1] ; lorsqu'un Premier ministre, en l'occurrence Manuel Valls, considère qu'« expliquer, c'est

1. Primo Levi, *Si c'est un homme*, trad. par Martine Schruoffeneger, Paris, Juillard, 1987. Ouvrage écrit en 1945-1947, 1re édition : Turin, Da Silva, 1947.

déjà vouloir un peu excuser[1] », cela devient une assertion inacceptable. On ne naît pas islamiste radical, on le devient. Nier cette réalité, c'est refuser sciemment de se confronter à des questions sociétales de fond, c'est refuser d'ausculter, de cerner, donc de « comprendre » la genèse, les défaillances (culturelles, sociales, économiques, urbaines, publiques, etc.), les mécanismes qui conduisent un jeune homme de vingt ans né en France à devenir terroriste. Or comment « la cause », en l'occurrence le djihadisme, peut-elle être combattue si « ses causes » sont ignorées, tues ou négligées ?

Denis Lafay. – Cette question, nécessairement vous l'avez investiguée en profondeur afin de contextualiser l'origine des chefs d'inculpation de votre client. Certes, vous n'êtes ni sociologue ni géopolitologue, ni spécialiste des religions, et donc vos conclusions, empiriques et orientées dans un biais, n'ont pas « valeur scientifique ». Elles ne sont pas pour autant inexploitables. Quels enseignements peut-on en extraire ?

Éric Dupond-Moretti. – Si Salah Abdeslam m'avait sollicité pour le défendre, sans doute aurais-je décliné. Non pour des raisons éthiques, mais parce qu'une telle entreprise aurait exigé de repositionner les actes dans l'histoire de Daesh et donc aurait nécessité des connaissances géopolitiques, culturelles, théologiques, qui me font défaut. Nous le savons, des musulmans ont pris les armes contre l'Occident parce que l'Occident s'est rendu coupable, à leurs yeux, de persécution, de duplicité, de pillage. Souvenons-nous des motivations russes pour envahir l'Afghanistan et

1. Phrase prononcée le 9 janvier 2016, lors d'un hommage aux victimes de l'Hypercacher.

des manœuvres américaines pour armer une opposition qui, plus tard, allait perpétrer l'indicible, l'inouï, sur les tours du World Trade Center. Souvenons-nous des fallacieuses justifications – des armes de destruction massive inexistantes – de George W. Bush pour embarquer l'Amérique et certains de ses alliés dans l'occupation irakienne. Etc., etc. Au-delà de quelques évidences comme celles-ci, je ne suis pas capable de décortiquer avec précision et profondeur le mobile géopolitique et religieux des terroristes islamistes. Dont acte. Et c'est aussi la raison pour laquelle je m'oppose si fermement aux injonctions de l'ancien Premier ministre, car comment lutter contre le spectre du terrorisme islamiste – autrement que par une guerre extrêmement complexe à mener et à l'issue très incertaine – si l'on ne cherche pas en premier lieu à le comprendre, et pour cela à agréger intellectuels, sociologues, exégètes, historiens, psychiatres, enseignants, théologiens, élus ? Rapport à la vie, sexualité et frustrations, modèles éducatifs et familiaux, mécanismes de martyrisation, de toute-puissance, d'héroïsation, de fascination mortifère, de soumission aux réseaux sociaux… Une superposition de strates politiques, sociales, psychanalytiques, qui exige d'être disséquée. Or peut-on déchiffrer le cerveau et les desseins assassins d'un jeune djihadiste français en rébellion contre son pays si l'on s'abstient de considérer toutes les réalités de la décolonisation, y compris celles qui condamnent le comportement de l'armée ou de l'État français ? Sans une appréhension holistique et objective du sujet, il n'est pas possible d'apporter des réponses de fond, et donc des parades pérennes. Malheureusement, aujourd'hui ce qui prime, c'est le manichéisme, la hâte… et le populisme.

Denis Lafay. – Le principe, cher à Edgar Morin, de la « complexité » aurait du s'imposer *ici tout particulièrement* ; or *tout particulièrement ici,* il fut éconduit. Justement, nombre de procès auxquels vous participez constituent des révélateurs de la société française (cf. chap. 3). Révélateurs parce que leur objet même, le comportement des parties prenantes, les mouvements d'opinion qu'ils déclenchent au sein de la profession et parmi les observateurs qualifiés ou les citoyens, « disent » considérablement – et bien au-delà des rapports individuels à la justice. Le procès d'Abdelkader Merah et de Fettah Malki l'est singulièrement. Quelle grille de lecture du terrorisme domestique propose-t-il ?

Éric Dupond-Moretti. – Déclassement social, petite délinquance, souvent emprisonnement, sentiment d'abandon, réinsertion professionnelle et réhabilitation sociale quasi impossibles, et alors « opportunité » de rédemption voire de sens existentiel via l'idéologie islamiste matérialisée par des recruteurs aguerris... Infernal enchaînement. Ce que l'on sait du parcours de Mohamed Merah est à ce titre très intéressant, car il est symptomatique d'une génération en proie à une relation sociale et ethnique à la société éminemment complexe, et qui pense trouver dans la radicalité et auprès de groupes en parallèle de la société une gratification, une renaissance inespérées. Soit « faire le mur dans la cité », c'est-à-dire « attendre » inflexiblement l'occasion – qui jamais ne viendra – d'*être* et de *faire* ; soit rejoindre une « cause », c'est-à-dire s'engager au profit d'une société nouvelle, se sentir considéré, devenir « enfin » acteur d'un « quelque chose », aussi épouvantable, meurtrier et suicidaire soit-il : voilà l'alternative à laquelle nombre de jeunes musulmans sont aujourd'hui exposés. Ce qu'illustre le procès d'Abdelkader Merah.

Denis Lafay. – Ce procès, de sa préparation à sa tenue, qu'a-t-il ébranlé, révélé, détruit, éclairé au fond de vous ? Ce qui, lors de certains procès, est de nature à mettre en conflit votre conscience d'Homme et votre conscience d'avocat, a-t-il, dans ce cas, été particulièrement saisissant et déstabilisant ?

Éric Dupond-Moretti. – À l'issue du procès, j'ai été l'objet, ou plutôt la victime d'un anéantissement inédit. Jamais auparavant je n'avais connu une telle déflagration intérieure. L'épuisement, physique et psychique, était immense, et je dus même recourir à des soins. Je m'étais mis en danger, et je prenais conscience que j'avais peur des répercussions. Moi qui ne m'écoute guère, moi que l'énergie n'a jamais déserté, moi qui donne l'apparence d'être un roc, je découvris pour la première fois que j'étais vraiment vulnérable, et que mon corps et mon esprit pouvaient lâcher. L'origine est multiple. Mais j'en retiens une particulièrement : j'ai découvert l'extraordinaire capacité de nuisance et même de destruction d'un phénomène qui n'est ni de ma génération ni de mon « monde » : les réseaux sociaux. Auparavant, la transmission des injures les plus ignobles se faisait les yeux dans les yeux, en petit groupe, au comptoir d'un bistrot. La puissance de frappe, démultiplicatrice, instantanée, tentaculaire, planétaire, des réseaux sociaux assure aux salissures, aux ignominies, proférées qui plus est anonymement, de foudroyer leur cible dans une démesure irrationnelle, dans une absolue injustice. J'ai également pris conscience du comportement d'une totale indignité dont d'aucuns se rendaient coupables : des confrères

– je fais référence à certains des vingt-sept (!) avocats de la partie civile, me couvrant d'avanies et m'affublant notamment d'insupportables allusions antisémites –, mais aussi des personnalités publiques, y compris des journalistes comme celui officiant à l'heure de pointe de la première radio publique de France, qui ont osé instrumentaliser le chagrin – légitime – des victimes aux seules fins de se faire un nom, de se singulariser. Les deux mille mails et lettres de soutien que j'ai recueillis après mon face-à-face avec Nicolas Demorand m'ont sorti de l'isolement, de l'enfermement dans lequel le flot continu d'infamies sur les réseaux sociaux me précipitait. J'ai aussi été révolté par l'attitude méprisante du parquet général se déclarant incompétent pour ouvrir une enquête suite aux menaces de mort dont mes propres enfants étaient l'objet. Bref, l'adversité portait de nombreux visages, souvent invisibles ou insaisissables, et elle a cristallisé une réalité certes déjà connue mais en l'occurrence d'une implacable et effroyable envergure : l'avocat polarise la haine, focalise la détestation.

Denis Lafay. – Défense interdite : c'est d'ailleurs le titre que vous avez vous-même soumis au réalisateur du film qui vous a été consacré avant et pendant le procès[1]. Cette stigmatisation de l'avocat, que vous expliquez avoir éprouvée dans d'indicibles proportions, que permet-elle d'interpréter de l'état de la société, en premier lieu des rapports de la population à la justice, de sa considération pour la « défense de l'indéfendable » ? Constate-t-on véritablement une dégradation ?

---

1. *Merah, Défense interdite*, film documentaire de Justine Lafon et Denis Calvet pour BFM TV, diffusé le 18 décembre 2017.

Éric Dupond-Moretti. – Nous traversons une ère victimaire sans précédent, notre époque est celle de la victimisation sans limites. Cette réalité conditionne nécessairement la considération de l'opinion publique pour la défense de prévenus estimés, avant même le procès, coupables d'actes qui ne devraient autoriser, dans la conscience populaire, aucune défense. « Merah a le droit d'être défendu. À condition qu'il ne le soit pas… ou alors qu'il soit assisté d'un piètre avocat, ce qui assurera une condamnation maximale, totale, à la hauteur de l'horreur perpétrée par son frère » : ainsi pourrait-on résumer l'état d'esprit d'une partie de la population. Une silhouette en robe, taisante, docile, évitant le contradictoire, compatissante pour les victimes : voilà ce qui est espéré. La considération des victimes est devenue si absolue, si totalitaire peut-on même oser, que celle des prévenus, et donc de la justice, est gravement empoisonnée. L'aveuglement s'est imposé à la lucidité, l'extrémisme des raisonnements à la distance, à la clairvoyance et à l'objectivité. Et cela tout particulièrement dans les cas de terrorisme. Ce dernier a inoculé dans toute la société, au sein de toute la population, son redoutable venin. Oui, nous sommes à ce point effrayés par le spectre terroriste que nous en oublions certains fondamentaux, et cette gangrène généralisée signifie d'ailleurs une victoire de cette force ennemie aveugle.

Denis Lafay. – Ce que vous dénommez la « bataclanisation » des esprits. Chaque nouvelle autocensure, chaque renoncement à nos libertés constitue une conquête pour les ennemis de la liberté. En écho à la nécessité de riposter à ce péril, la défense d'un *tel personnage* pour de *tels motifs* dans un *tel contexte*, a-t-elle pu, à des moments cruciaux, s'apparenter à un certain « courage » ?

Éric Dupond-Moretti. – Tout, dans ma tête, est resté longtemps entremêlé, et d'ailleurs tout n'est pas encore dénoué. Ce que cette défense a sécrété au fond de moi d'émotions ambivalentes, et souvent même antithétiques, est si considérable… Pourquoi ai-je relevé un tel défi, à la fois technique, éthique, public ? Pour me prouver que j'en étais encore capable à mon âge ? Que je n'avais pas cédé aux sirènes de la reconnaissance ? Que je n'étais pas devenu une pâle copie de l'avocat que je revendiquais être toujours ? Je crois ne m'être jamais senti autant « avocat » que dans cette affaire-là, et c'est pourquoi je me suis trouvé une harmonie intérieure jusqu'alors inconnue, confortée par l'écho, très positif, que cette défense a eu au sein de ma profession, spécifiquement chez les jeunes – en témoigne le flot de témoignages chaleureux que j'ai reçus, mais qu'il faut bien sûr mettre en perspective de ceux, haineux et presque toujours anonymes, qui continuent de m'être adressés.

Mais tout comme je conserverai en mémoire quelques comportements d'une grande noblesse, à l'instar de celui de Samuel Sandler – qui a perdu un fils et deux petits-enfants lors de la tuerie de l'école juive Ozar-Hatorah –, résistant aux pressions et me saluant chaque jour d'une sincère amabilité, la fierté d'avoir exercé ainsi mon métier, ma vocation, n'est qu'une facette, parmi d'autres bien moins heureuses, des enseignements de cet épisode charnière de mon existence professionnelle.

Pour autant, est-ce du courage ? Non. Ce mot, dont le sens est si immense, est de nos jours gravement dénaturé. « Être courageux », c'est, comme l'accomplit ma grand-mère, cacher et sauver des Juifs pendant la Seconde Guerre mondiale. Ce courage-là, l'aurais-je eu ? Je suis bien incapable de répondre, tout comme d'affirmer que je n'aurais pas été un vil collaborateur ou que je ne serais pas resté simplement passif et pleutre devant les exactions nazies. Nonobstant le rideau de menaces et d'intolérance, d'aversion et d'ostracisme qui s'est abattu sur moi, je n'ai pas risqué ma vie ni ma liberté.

Denis Lafay. – Parmi ces témoignages ou ces attitudes réparateurs qui ont colmaté les fissures au fond desquelles s'accumulaient tensions et pressions, cautérisé vos plaies et finalement restauré votre estime de soi, l'un a particulièrement compté. Il émane d'un rabbin, d'un représentant de cette foi et de cette religion juives auxquelles le frère de votre client avait fait le choix de nuire de la plus barbare des manières…

Éric Dupond-Moretti. – Permettez-moi de partager une partie de cette lettre.

Bien sûr de mon fauteuil c'est facile, mais il y a la justice de Dieu et la justice des hommes. Nous, juifs, qui étudions la Thora, savons que Dieu a donné des lois aux hommes sur le mont Sinaï, et que les *tannaims* et *amoraims* ont écrit le Massehet Sanhédrin. Je me souviens de cette impression que l'étude de cet opus du Talmud m'avait laissée à la yeshiva – j'avais vingt-quatre ans – : « Ils font tout pour l'innocenter ! Comme un avocat ! » Bien sûr qu'il fallait une pointure pour défendre Merah. Et vous en êtes une. De toute manière, Dieu le jugera et vous bénira pour votre bon travail. Ne considérez pas ce qu'aboient les brutes incultes en délayant de l'émotion dans la *dura lex* de vitrine et sans aucune subtilité. [...] Depuis mars 2012, je pleure souvent, il n'y a [pour les familles des victimes de Mohamed Merah, NDLA] ni mots ni consolation possibles, je le sais. Avec mon admiration sincère, Maître. Je vous souhaite de grands bonheurs, beaucoup de réussite pour vous et vos enfants. Et que Dieu les garde. Amen.

Je vous laisse imaginer le réconfort que la réception d'une telle missive par une telle personne dans de telles circonstances m'apporta. Par ailleurs, lorsqu'on songe au fonctionnement de la justice dans les textes sacrés, l'origine de ce témoignage revêt un sens davantage encore précieux : selon certains exégètes, l'instance judiciaire dite Sanhédrin, composée de vingt-trois sages experts de la Loi juive, fait office de cour d'appel pour des sentences pouvant aller jusqu'à la peine de mort. Lorsqu'une condamnation est décidée à l'unanimité, l'accusé est... acquitté. Cette logique, qui a pour fondement la suspicion que suscite une telle configuration et le fait qu'un individu, quoi qu'il ait fait, ne peut pas faire l'objet d'une sentence à ce point unanime, ne pourrait-elle pas inspirer le fonctionnement des assises ?

Denis Lafay. – « Fierté d'avoir exercé ainsi mon métier »... et « fierté » d'avoir défendu Abdelkader Merah. Deux fiertés en réalité distinctes, la seconde heurtant les consciences bien davantage que la première. Ce qu'est cet homme au-delà de ce qu'il a commis peut-il bien donner « fierté » à celui qui assure sa défense ?

Éric Dupond-Moretti. – L'avocat est, pour le prévenu, l'ultime rempart contre tous ceux qui veulent sa condamnation. Ces derniers peuvent n'être « que » les proches de la victime ; parfois, ils rassemblent bien plus largement : professionnels de la justice, police, commentateurs, médias, politiques, opinion publique, etc. C'est le cas pour Abdelkader Merah. Et lorsque l'opposition est à ce point multiple, considérable, puissante, haineuse, la fierté qu'on ressent à défendre le prévenu n'en est que plus grande.

Denis Lafay. – N'éprouvez-vous jamais, notamment dans les circonstances d'un tel procès, que votre intégrité d'homme est malmenée, voire salie par ce qu'implique le devoir d'obtenir le meilleur verdict pour votre client ? Que signifie « l'intégrité de l'avocat » ?

Éric Dupond-Moretti. – Dès le début de mon implication dans la défense d'Abdelkader Merah, j'ai acquis la certitude qu'il n'y avait aucune preuve de « complicité d'assassinat » dans ces crimes. La partie civile fondait son argumentation sur une « intime conviction » – en premier lieu celle des policiers – qui, dans notre système judiciaire, ne peut pas être retenue. Seule la preuve compte, fort heureusement. Cette intégrité que vous questionnez, en l'occurrence jamais elle ne fut bousculée.

« Abdelkader Merah est dans le box des accusés parce qu'il n'est pas "très catholique" et parce que son frère, étant mort, ne peut pas être jugé » ; « la mère d'Abdelkader Merah a perdu un enfant » ; la première expression est une conviction inébranlable. Quant à la seconde, n'est-il pas vrai que l'on est mère toute sa vie, quels que soient le comportement et les actes, même les plus horribles, exercés par ses enfants ? Toutes deux, que j'assume totalement, m'ont valu un tombereau d'injures et de calomnies. Est-ce justifiable ? Contestent-elles mon intégrité ? Nullement.

Denis Lafay. – Mais quel homme étiez-vous lorsque l'avocat plantait ses yeux dans les yeux de Samuel Sandler ? Comment le père que vous êtes regardait-il Latifa Ibn Ziaten, mère du militaire Imad Ibn Ziaten assassiné à Toulouse ?

Éric Dupond-Moretti. – Je me souviens très précisément de l'annonce du massacre de l'école juive Ozar-Hatorah, je me souviens très précisément de l'état de peine, d'abattement et de colère dans lequel cette terrible actualité m'avait plongé. L'émotion originelle, celle qui avait envahi toute mon âme, je la retrouvais intacte cinq ans et demi plus tard. Intacte et même amplifiée, car être physiquement face à face avec ceux qu'un drame d'une telle ampleur a anéantis accroît l'émoi. Je n'ai posé aucune question aux familles des victimes, et m'en suis tenu aux échanges, parfois violents, avec leurs avocats. Mais pas une fois mon intégrité d'homme ne s'est désynchronisée de mon intégrité d'avocat. Elles n'ont fait qu'un. En revanche, j'ai souffert des supputations et autres manipulations me suspectant de manquer de respect pour ces victimes, et j'ai été blessé par l'impression d'une fissure, peut-être même d'une scission intérieures, mais distinctes de celles que vous évoquez : elles mettaient en perspective, et donc en décalage, ce que j'*éprouvais réellement* au fond de moi, au plus loin de mon humanité et de mon intimité, et ce qu'à l'extérieur avocats, journalistes, opinion publique, pensaient, murmuraient ou clamaient que je *pouvais éprouver*. Cette dissension fut parfois même une meurtrissure.

Denis Lafay. – Ce procès aura été le combat de l'*intime conviction* face à la *preuve*. Votre stratégie s'est concentrée sur la démonstration par la preuve (ou l'absence de preuve), quand l'émotion, si compréhensible et si respectable, des familles des victimes et d'une France meurtrie par les attentats islamistes pouvait sembler suffire pour condamner. Aux magistrats professionnels appelés à énoncer le verdict, vous avez demandé d'être imperméables au « chagrin des victimes qui emporte tout sur son passage » et à « l'opinion publique, cette prostituée qui tire le juge par la manche ». L'émotion que suscite un contexte aussi particulier n'a-t-elle pas sa place ? Est-elle une contribution illégitime ?

Éric Dupond-Moretti. – Bien sûr, l'émotion n'est pas absente. Elle ne peut pas l'être dès lors que les victimes sont invitées à témoigner. Imagine-t-on les exhorter à masquer ou taire leur peine ? Bien sûr que non, tout d'abord parce qu'elle est partie prenante de ce que l'objet du procès a provoqué au fond d'elles, dans leur âme et dans leur chair. Cette émotion doit donc être strictement, totalement respectée. En revanche, elle ne peut, elle ne doit pas être instrumentalisée. En premier lieu par les avocats, qui parfois se drapent dans cette émotion pour s'exonérer d'apporter les preuves. D'ailleurs, lors du procès Merah, les victimes se sont montrées autrement plus dignes et respectables que leurs défenseurs s'échinant à les manipuler... Point n'est besoin de démontrer la culpabilité puisque l'émotion se suffit à elle-même : cette stratégie, d'ailleurs adoptée par certains de mes confrères adverses lors dudit procès, est d'une vulgarité, d'une obscénité innommables. Elle incarne une manière de concevoir la justice infamante pour la justice elle-même, et tout à fait délétère pour la démocratie ; pour s'enraciner et vivre, c'est-à-dire pour être acceptée et légitime, cette dernière ne peut tolérer d'affaiblir la… légitimité de la preuve.

Denis Lafay. – La justice n'a-t-elle pas pour dessein d'être « aussi » une catharsis ?

Éric Dupond-Moretti. – Non. Elle est la confiscation du droit à la vengeance. Le procès Merah mit face à face l'abomination la plus insupportable et l'illustration du mal absolu – avec son lot de fantasmes, de dérives, de mésinterprétations, de confusions, de manipulations qui ont attenté à l'image même de l'islam. Impossible pour le juge, dans ce contexte, de tenir une position totalement impartiale, à équidistance des parties prenantes. C'est alors à nous, avocats, mais aussi à l'ensemble des « passeurs » de responsabilité (élus, journalistes, etc.), de ne pas laisser nos envies, nos fantasmes intimes – et légitimes – de vengeance s'exprimer dans une traduction judiciaire. Les autorités politiques et institutionnelles norvégiennes ont envisagé le durcissement de la législation en réaction au massacre (soixante-dix-sept morts et cent cinquante et un blessés) perpétré par Anders Behring Breivik le 22 juillet 2011. D'aucuns, au sein de la population, se sont élevés contre ce projet. « Ne donnons pas raison aux terroristes, ils n'attendent que cela », ont-ils lucidement plaidé.

Denis Lafay. – Vous êtes préoccupé par une exigence, plus exactement une quête : que la décision
de justice soit synonyme d'« humanité ». Ce qui compose le terme éveille des appréciations bien contras-
tées, et, ainsi, une décision jugée inhumaine par la
famille d'une victime peut être considérée comme
humaine au-delà de ce cercle affectif. Dans une telle
affaire que celle d'Abdelkader Merah, était-il possible d'espérer tendre vers une décision d'humanité ?

Éric Dupond-Moretti. – Je le crois. En matière
judiciaire, et pardon pour cette réponse simpliste,
la seule traduction de l'humanité est de traiter
l'accusé de façon humaine. En l'occurrence, le président de la cour d'assises a exercé ses responsabilités de manière très convenable – ce qui ne fut pas
le cas de l'avocate générale ni de certains de mes
confrères de la partie civile.

L'appréciation de la notion d'humanité est propice
à d'infinies nuances. Je prendrai pour exemple celui
de cette accusée à l'égard de qui la présidente de
la cour d'assises s'étonna, d'un air moqueur, mépri-
sant, qu'elle était allée se faire faire des mèches chez
le coiffeur avant le début de son procès. N'est-ce pas
une marque d'inhumanité ?

Denis Lafay. – En 2017, votre confrère François
Sureau publiait *Pour la liberté*[1]. Dans cet opuscule
essentiel, il le rappelle avec limpidité : la liberté de
penser et d'opinion est consubstantielle à la société
démocratique, dont le premier devoir de l'État est
de garantir le perfectionnement incessant. Des
libertés qui cèdent un peu partout dans le monde

---

1. François Sureau, *Pour la liberté ; répondre au terrorisme sans
perdre la raison*, Paris, Tallandier, 2017.

qui les a vues naître, ce dont personne – ce qui est aussi grave – n'apparaît faire un drame.

> Après les attentats du Bataclan, le mari d'une victime publiait une lettre ouverte : *Vous n'aurez pas ma haine*[1]. À chaque nouvelle loi, le législateur semble rédiger une lettre ouverte à Daesh : « Vous n'aurez pas ma haine, mais tenez, vous pouvez avoir nos libertés. » (François Sureau)

L'extension des contraintes de liberté, depuis 2015, cette « martyrologie des libertés » pourrait signifier que des centaines de criminels potentiels ou avérés porteurs d'une idéologie funeste ont gagné un combat : celui de comprimer les libertés de penser, de dire, d'agir de soixante-six millions de Français. À l'aune de cette affaire, l'étanchéité supposée entre ce que la justice et ce que la société attendent d'un même procès est-elle comme jamais poreuse ? Estimez-vous que la manière dont des avocats, des journalistes, des commentateurs, des intellectuels, ont traité le déroulement du procès, et particulièrement votre stratégie et votre plaidoirie, constitue « une » indication sur les dysfonctionnements de la démocratie, ou sur les déséquilibres des contributeurs majeurs à cette démocratie ?

Éric Dupond-Moretti. – Ce que lorgnent les terroristes, c'est d'amener la société – du sommet de l'État à la population, le premier souvent conditionné par la pression de la seconde – à se recroqueviller et à accepter des renoncements qui bousculent nos rapports, parfois les plus imperceptibles, à ce qui fait notre quotidien : le plaisir (de la sexualité à

---

1. Antoine Leiris, *Vous n'aurez pas ma haine*, Paris, Fayard, 2016.

l'alcool), la création artistique, l'habillement, etc., en définitive une multitude de « petites choses » qui expriment notre liberté. Et lorsque quelque sondage révèle que 80 % de la population est prête à accepter, au nom de la lutte contre le terrorisme et « parce qu'elle n'a rien à cacher ou à se reprocher », d'être mise sur écoute, mon inquiétude est immense. C'est justement « parce qu'elle n'a rien à cacher ou à se reprocher » qu'elle doit refuser d'être mise sur écoute ! Cet exemple est symptomatique du terrain gagné par le terrorisme sur nos libertés, en premier lieu celle de penser, d'écrire, de dire. Combien de fois n'a-t-on pas entendu qu'« il était peut-être préférable de ne pas provoquer et par exemple de ne plus railler la religion » ? Je n'ose imaginer ce qu'en penseraient les victimes de *Charlie Hebdo*... Oui, la démocratie est en danger, mais elle est menacée moins par le terrorisme lui-même que par les réponses que la démocratie lui oppose. Cette démocratie est celle, bien sûr, dite « représentative », qui donc convoque la responsabilité politique et morale des élus. C'est celle aussi des corps intermédiaires, des strates de médiation auxquels appartiennent les supports d'information, qui eux aussi exercent une responsabilité. C'est celle enfin des citoyens, souvent les mêmes qui pensent la (faire) vivre au moyen des réseaux sociaux.

Denis Lafay. – Que le principe même de défense d'Abdelkader Merah ait pu être admonesté avec tant de frénésie, même de fanatisme, est d'ailleurs la démonstration symbolique que cette triple sphère démocratique est intoxiquée. Abdelkader Merah défendu par un ténor du barreau : c'est, *in fine*, une (petite) victoire pour la démocratie...

Éric Dupond-Moretti. – Je le crois fondamentalement. Tout comme d'ailleurs doit être salué le travail des juges. Je ne partage pas l'ensemble de leur décision, mais qu'il s'agisse du chef d'inculpation « d'association de malfaiteurs » ou de celui de « complicité d'assassinat » – pour lesquels il a été respectivement condamné et acquitté –, ils ont su explicitement la motiver. Pour ceux qui ont voulu l'« entendre », cet éclairage est précieux, car il participe d'une démarche de décryptage, même de désacralisation, essentielle à la salubrité démocratique. Pour vivre, la démocratie a besoin de pédagogie, et c'est particulièrement vrai dans le domaine de la justice lorsqu'elle convoque une émotion et un irrationnel à ce point enflammés.

Denis Lafay. – Aux fins de solidifier (ou réparer) la démocratie, nous évoquions la souveraine nécessité d'assurer aux plus « indéfendables » prévenus ainsi anathématisés par l'opinion publique la meilleure défense possible. Or vous-même déclinez la défense de personnes dans des cas dont l'enjeu démocratique mériterait pourtant votre mobilisation. Sur quoi fondez-vous vos arbitrages ?

Éric Dupond-Moretti. – Le choix d'accepter ou de refuser une défense n'est en rien conditionné au degré de sympathie ou d'antipathie que m'inspire le demandeur – je rappelle d'ailleurs qu'on *peut refuser un client* mais qu'on *ne peut pas choisir ses clients*. Abdelkader Merah et moi n'avons pas vocation à nous lier d'amitié, je n'ai jamais mieux défendu un client sympathique qu'un client antipathique. Le chirurgien lie-t-il la méticulosité et l'abnégation de son geste à la nature ou à l'origine de la maladie ? Envers deux patients atteints d'une cirrhose du foie, l'imaginez-vous dédier moins d'attention à celui qui est alcoolique ? En réalité, au moment d'arbitrer, seule compte la nature du dossier, et particulièrement le crédit qu'il faut accorder aux témoignages qui accablent.

Denis Lafay. – L'irruption d'un sentiment empathique ne colore-t-elle pas en revanche l'esprit et certains mécanismes de la défense ?

Éric Dupond-Moretti. – Il est possible, y compris de manière peu consciente, que de telles situations densifient émotionnellement l'exercice de la défense. Mais l'empathie peut prendre différentes formes ; elle peut certes porter sur une personnalité, elle peut aussi surgir à des moments circonscrits. Lorsque des avocats de la partie civile ont demandé à Abdelkader Merah s'il était « musulman de naissance » – quelle hérésie ! –, s'il était circoncis ou si le Coran « autorisait le mensonge », lorsqu'ils l'ont suspecté de se *tourner vers La Mecque* chaque fois qu'il répondait à leurs questions – le président rappelant alors fermement aux impétrants qu'il était simplement *tourné vers... la cour* ! –, ne croyez-vous pas que j'ai alors éprouvé de l'empathie à son endroit ? Chaque fois qu'il faisait face à un excès de zèle, d'injustice, de manipulation, chaque fois que mes confrères adverses s'employaient à le coincer de manière outrancière, n'avais-je pas le droit de ressentir de l'empathie ? Il manifestait une pensée pour les victimes ? Quel *cynisme*, décrétait-on. Il ne manifestait pas de pensée pour les victimes ? Quelle *bête* – et quel aveu –, jugeait-on. Il avait naturellement appelé Mohamed « mon petit frère » (ce dernier était effectivement son cadet dans la fratrie) ? Aussitôt, il était frappé de proximité, de compassion affective pour le pire des assassins. Bref, quoi qu'il pût dire, il était honni. Ce jeu judiciaire-là condamne l'accusé à perdre. N'est-ce pas une raison pour être en empathie ?

Chapitre 2

De la « radicalisation des esprits »
au risque d'altération de la liberté :
l'affaire Merah, emblématique
d'une époque vulnérable

Denis Lafay. – La synthétisation des enseignements de « l'affaire Mérah » cristallise, en définitive, la dérive d'une radicalisation généralisée des
esprits...

Éric Dupond-Moretti. – D'un épiphénomène, il est
certes toujours délicat d'extraire des conclusions,
voire seulement des observations plus larges. Tout
de même, ce procès est à l'image d'une France
gagnée, ou plutôt gangrénée par les logiques
communautaristes. Jamais ces dernières n'étaient
apparues aussi puissantes, jamais elles ne s'étaient
autant diffusées dans la société.

Denis Lafay. – Cette radicalisation des esprits,
la France qui vote si massivement Rassemblement
national (ex-Front national) est l'illustration de sa
lente et profonde sédimentation dans les consciences.
La formation de Marine Le Pen incarne une sorte
d'ultime recours pour l'exprimer...

Éric Dupond-Moretti. – À l'évidence. Et la responsabilité collective est immense, parce qu'à
force de manquer de... force, les rouages de
la démocratie – classes politique, médiatique,

institutionnelle – ont, sciemment ou non, participé à faire peu à peu considérer ce parti comme démocratique. Or l'antagonisme sur lequel s'appuie l'idéologie frontiste est autrement plus périlleux que ceux amusant le bruit médiatique – pro-corrida et anti-corrida, pro et anti-vegan, pro et anti-chasse à courre, etc. Il s'agit là de mettre en scène une opposition frontale, raciale, belliqueuse, entre « les étrangers » et « les Français », dans le sillage de laquelle sont instrumentalisées toutes sortes d'allusions et de confusions nauséabondes. Lesquelles, notamment, enchaînent subrepticement de *musulman* à *musulman-radicalisé* puis à *musulman-radicalisé-djihadiste* et enfin à *musulman-radicalisé-djihadiste-terroriste*. Tout cela prenant appui sur un autre phénomène, lui aussi toxique : l'acculturation. Celle notamment d'une langue ni comprise ni pratiquée par un pourcentage statistiquement grandissant de la population. Or dans ces conditions, sans une base commune de mots, sans un socle partagé de codes qui « font » le langage, comment faire éclore la possibilité d'une réflexion, comment créer un dialogue puis donc un lien au sein de la société, comment espérer que la pacification des esprits s'impose sur la conflictualisation et l'hystérisation aujourd'hui dominantes ?

Denis Lafay. – Le constat de cette radicalisation des esprits convoque instantanément ce que le procès Merah permet d'investiguer en profondeur : l'état de nos libertés. Liberté de conscience, liberté d'exprimer sa croyance, liberté de contester les principes républicains et laïcs au nom de cette croyance, liberté d'une conscience inacceptée par la morale, etc. Les principes constitutionnels garantissent la liberté de penser, mais l'opinion publique, enflammée par un contexte singulier – en l'occurrence les attentats terroristes et une indiscutable radicalisation islamiste au sein de la société –, lui-même copieusement instrumentalisé par une partie de la classe politique, est donc prête à la comprimer, à la mettre en danger. *A priori*, rien ne justifie de remettre en question cette liberté de *penser* qui conditionne la liberté d'*être*. *Mais certaines causes* ne peuvent-elles pas mériter la restriction *temporaire* et *expliquée* de *certaines libertés de penser* ?

Éric Dupond-Moretti. – Non. Absolument rien ne peut justifier une telle issue. Le seul dispositif destiné à restreindre la liberté de façon temporaire est l'état d'urgence. Or l'histoire est jonchée d'exemples démontrant que l'abdication momentanée et restreinte de libertés n'est que rarement suivie d'une réhabilitation des textes originels une fois la situation redevenue « normale ». L'état d'urgence, dans sa définition judiciaire, peut être résumé à un contrôle de la police par la police, ce qui est d'autant plus critiquable que les juges de l'ordre judiciaire en sont exclus.

Point d'angélisme : la police a besoin de moyens accrus, en particulier dans le domaine du renseignement, car les armes technologiques et scientifiques dont disposent les terroristes, la ruse et les réseaux qui les caractérisent, l'exigent. Mais c'est la limite à ne pas dépasser. Laquelle est outrancièrement franchie. Des digues sont tombées, qui innervent dans la conscience populaire l'utilité et même la nécessité de compresser nos libertés. D'aucuns semblent applaudir le président des Républicains, Laurent Wauquiez, appelant à la rétention administrative des fichés S ; mais cette mesure est absolument contraire à notre système judiciaire, qui condamne pour des faits d'infraction avérés, pas pour des pensées jugées déviantes. Les citoyens mesurent-ils le caractère absolument liberticide de telles tentations ? Saisissent-ils que l'édification d'un Guantánamo à la française, aussi barbare que son triste pendant américain, attentera gravement à leur propre liberté ?

Denis Lafay. – L'ouvrage de François Sureau met en exergue l'interrogation, le procès d'Abdelkader Merah l'a introduite au cœur des débats : doit-on être poursuivi exclusivement pour des actes que l'on a *commis*, ou bien certaines situations exceptionnelles pourraient-elles justifier que cette poursuite ait pour objet l'*intention*, susceptible de se transformer ultérieurement en actes ?

Éric Dupond-Moretti. – Le droit français interdit de poursuivre pour d'autres motifs que des faits délictueux avérés et fondés sur des faits matériels. C'est pourquoi le chef d'inculpation d'« association de malfaiteurs » fait l'objet d'autant de contestations, d'interprétations contradictoires. « Peut-on consulter un site djihadiste ? » Cette question, abordée par François Sureau et centrale lors du procès Merah, illustre l'extraordinaire complexité du thème de la liberté lorsque cette liberté peut devenir, est considérée comme, est potentiellement préparatoire ou annonciatrice d'une étape ultérieure qui a pour nom « délit. » Mais où est la limite ? Avoir entre les mains *Mein Kampf* signifie-t-il que le lecteur se prépare à perpétrer un attentat antisémite ? Enfin, imagine-t-on ce que serait une société qui autorise de punir l'intention avant l'acte délictueux ? Une société du soupçon et de la surveillance, institutionnalisant les dogmes de la prévention, de l'anticipation, de la prédiction.

Denis Lafay. – Ce que par ailleurs fortifie la constitutionnalisation du principe de précaution, qui coagule les réflexes et les comportements de repli, de suranticipation et de surprotection bien au-delà des seuls enjeux de recherche ou de production médicales...

Éric Dupond-Moretti. – C'est une mortelle réalité. Plus que jamais, dans la période sensible que nous traversons, nous devons résister à ces spectres, nous ne devons renoncer à rien qui puisse altérer, en apparence de manière indolore, ce qui fait notre raison d'*être* et de *faire* : la liberté de penser. Il existe des principes inaliénables ; celui-ci est l'un des plus fondamentaux d'entre eux. « Il vaut mieux acquitter cent coupables que condamner un seul innocent » : cette lumineuse déclaration de Voltaire est à notre époque particulièrement mise en défaut et fragilisée. « Notre besoin collectif de sécurité ne pourrait-il pas s'accommoder de quelques dérapages ? » « La tranquillité de tous ne pourrait-elle pas justifier une grappe d'erreurs judiciaires ? »... Voilà à quelle terrible dérive, à quelles funestes résignations, notre société est désormais exposée. Et elle ne doit transiger sur rien.

Denis Lafay. – Toujours au nom de l'efficacité, la conception judiciaire de la liberté semble se rigidifier inexorablement. Ce durcissement est-il sans limites ?

Éric Dupond-Moretti. – Il faut le craindre. Et les exemples ne manquent pas. Auparavant, l'évasion n'était pas considérée comme une infraction, mais comme une aspiration légitime. Dorénavant, c'est un délit. Lorsque j'ai commencé ma carrière, l'ouvrage de référence de notre profession était celui du conseiller Chambon. Il y écrivait que le juge d'instruction n'est pas un témoin de seconde main… En d'autres termes, il appelait à ne pas abuser des écoutes téléphoniques. Or quelle est la réalité ? Même les avocats peuvent désormais se retrouver dans des écoutes. Les parloirs familles sont sonorisés, et les cellules sont également la cible de ces dispositifs. Se rend-on compte de ce que cela signifie ? L'ultime espace d'expression, l'ultime enclave de liberté des prisonniers, constituée des quelques mètres carrés de leur cellule, a disparu.

Denis Lafay. – Placez-vous sur un même plan la liberté de penser d'Abdelkader Merah et celle des journalistes de *Charlie Hebdo* hier assassinés, aujourd'hui menacés au quotidien ? S'il doit y avoir universalité des respects à accorder à l'un et à l'autre, est-elle audible lorsque le contenu de penser de l'un peut nuire à la liberté de *penser*, donc de *créer*, donc d'*être*, des autres – le rapport des forces induisant peu à peu peur, musellement, auto-censure ?

Éric Dupond-Moretti. – Les pensées de l'un et des autres, je ne les place pas sur un même plan, cela va de soi. Les libertés respectives de pensée doivent, à mes yeux, être équivalentes ; les libertés d'exprimer ces différentes pensées, en revanche, ne peuvent pas être identiques. Un exemple ? Dieudonné. Il est libre de penser ce qu'il pense ; on ne devrait pas lui laisser la liberté de proférer sur scène ses diatribes antisémites et ses exhortations à la haine.

Denis Lafay. – Mais la ligne de démarcation est extrêmement ténue. Ce cas comme, par le passé, votre appel à interdire le Front national [Rassemblement national] l'illustrent. Et ne manquent pas de paradoxes et de failles…

Éric Dupond-Moretti. – Je m'en tiens strictement à la loi. Une personne qui, publiquement, diffuse des propos racistes, un parti politique qui, publiquement, inonde ses meetings et le paysage médiatique de son substrat xénophobe, n'a pas sa place dans la République – même si, j'en conviens, une telle interdiction est impossible à mettre en œuvre… –, tout comme un imam prêchant le djihad doit être condamné et définitivement mis à l'écart de ses fonctions. Sinon, comment espérer désendoctriner toute cette jeunesse des cités aujourd'hui si vulnérable aux sirènes islamistes ?

Denis Lafay. – « Le terrorisme interdit de penser comme nous devrions le faire, il a anesthésié la société », peut-on ainsi résumer une partie de vos enseignements sur le procès Merah. Dans le prisme des procès auxquels vous participez, par quelles autres réalités comportementales, intellectuelles, politiques, religieuses, notre liberté de penser et donc la « qualité » de la justice sont-elles aujourd'hui empoisonnées ?

Éric Dupond-Moretti. – Hypermoralisation, hygiénisme, aseptisation, dictature de la transparence, hyperréglementation, (auto)censure… Les manifestations attentatoires de nos libertés qui caractérisent le monde contemporain, et aussi bien certains des procès auxquels je participe que la simple réalité du quotidien, en sont l'illustration.

Siffler une fille dans la rue relève désormais du pénal... plutôt que de la bienséance et de l'éducation. Peut-on sanctionner d'une peine ce que les « cibles » ont le droit de juger, bien sûr, comme de la goujaterie, mais aussi comme de la flatterie ? L'obsession égalitaire conduit à des inepties, et même à une guerre des sexes, à une opposition stupide et délétère qui crée la confusion entre des luttes essentielles – par exemple l'égalité des salaires hommes-femmes – et des non-sujets. Bientôt, « oser » regarder les jambes d'une jeune femme sensuellement vêtue devra-t-il être puni, comme aujourd'hui complimenter une collègue pour son décolleté ? Cette obsession égalitaire n'est pas que de genre. Dorénavant, on n'est autorisé à critiquer une communauté que si on appartient soi-même à cette communauté... Même les humoristes sont concernés par le syndrome : Djamel Debbouze « peut » se moquer des Arabes, Patrick Timsit ou Élie Semoun, des Juifs, Thomas Ngjjol, des Noirs. Sinon, ce n'est pas audible. Emmanuel Macron appelle à « cesser d'emmerder les Français », reprenant à son compte la célèbre expression de Georges Pompidou, mais est vilipendé lorsqu'il revendique boire un verre de vin lors de ses repas... Revendique, ou un jour peut-être devra-t-on employer « avoue » tant la simple consommation de ce plaisir universel, séculaire, culturel semble déclencher d'opprobre !

J'aime la corrida, je n'oblige personne à y assister, je respecte ses détracteurs ; mais désormais, certains d'entre eux prêchent un animalisme extrémiste, se comportent en ayatollahs, sont viscéralement intolérants et même dangereux. Jusqu'où ? Jusqu'où également les citoyens, déjà tracés et fichés par les géants de l'informatique et des réseaux sociaux qui connaissent tout ou presque de leur profil, de leurs comportements, de leurs modes de consommation, bientôt de leur pensée, continueront-ils de se soumettre, docilement, à l'extension des moyens des services de renseignements et des pouvoirs de la police ? Bertrand Cantat qui a été jugé, a purgé sa peine et donc a payé sa dette à la société, mérite-t-il que des collectifs tentent d'interdire aux spectateurs de se rendre à ses concerts ? De quel droit ces collectifs se dressent-ils en régisseurs de la liberté de venir ou non l'écouter ? En droite ligne de cet insupportable excès, une journaliste a affirmé que le rock and roll était porteur de violences sexuelles... Si quelques accusés de ces délits « par ailleurs » boulangers de profession sont condamnés, devra-t-on fermer les boulangeries de France ? Quel délire... Tout cela est inquiétant et révèle un degré de contraction, acceptée ou dictée, des libertés qui est inédit, fondé sur une supposée consubstantialité en réalité fallacieuse : « ma » liberté ne serait pas compatible avec celle des « autres », et ce que « ma liberté » signifie, exprime, a le droit d'être attaqué par ses contempteurs...

Denis Lafay. – Ce qu'exacerbe d'ailleurs la tyrannie des amalgames, qui symbolisent bien cette époque des raccourcis et du manichéisme – la loi de la vérité et du mensonge, du bien et du mal, domine, beaucoup est traité en noir ou blanc alors que la réalité est (heureusement) composée de tonalités infinies de gris qui donnent d'ailleurs à l'existence toutes ses couleurs –, cette époque qui aime enfiévrer les différences plutôt que de faire valoir ce qui pourrait unir, cette époque qui, en s'escrimant à durcir plutôt qu'à apaiser, prive la société d'un de ses ferments : le droit au dialogue respectueux et pacifié...

Éric Dupond-Moretti. – Je ne prendrai qu'un seul exemple, mis en exergue par le procès Merah. Dans le sillage d'une réalité – le terrorisme –, se sont développées, en cascade, *la peur* de l'islamisme radical, *donc la peur* de l'islam, *donc la peur* des musulmans, *donc la peur* des étrangers ou des Français originaires du Maghreb. Faut-il alors s'étonner que la nation soit en danger ? Chacun doit pouvoir faire ce qu'il veut de sa liberté, mais la place qu'occupent dorénavant dans le paysage public des sortes de groupes de pression sociale nourris d'une morale doctrinaire et de motivations fanatiques, menace cette liberté.

Depuis plusieurs décennies et dans un mouvement qui depuis n'a cessé de s'accélérer, les dirigeants politiques ont admis que leur prise sur l'économie déclinait irréversiblement, et ils ont donc cherché à déplacer leur tutelle et la justification de leurs mandats sur d'autres terrains. Sont alors apparus celui de la sécurité et celui de la réglementation. Le XXIᵉ siècle n'est pas seulement cette ère hyperpuritaine, hyperhygiéniste, hypermoralisatrice que je condamne ; il est celle où tout est réglementé, normé, contrôlé, stigmatisé, puni...

Denis Lafay. – Comprimer la liberté, ou plutôt *les* libertés de penser, d'arbitrer, de décider, d'agir, c'est tarir l'autonomie, l'un des principaux fertilisants de l'accomplissement de soi. Ce siècle nouveau sera-t-il celui de l'abrutissement et de la déresponsabilisation ?

Éric Dupond-Moretti. – À force d'infantiliser le peuple et de considérer que l'État peut substituer aux libertés de chaque individu des règles « bonnes pour tous », on procède mécaniquement à une double déresponsabilisation : celle de chaque personne et celle de la collectivité. N'est-il pas abêtissant d'estimer que celui qui boit n'est pas conscient de la nocivité de son geste ? Jusqu'où pourchassera-t-on les fumeurs ? En réalité, « on » veut désigner un responsable à chaque échec, « on » veut une société sans souffrances et sans aspérités, et même – et surtout – la mort est concernée. Toute situation un peu exceptionnelle fait désormais l'objet d'appel à des « cellules d'urgence » et à une cohorte de psychologues. Mais l'imprévu et l'incontrôlable, aussi dramatiques soient-ils, ne font-ils pas « partie » de la vie ?

Les espaces de liberté font l'objet d'une compression et même d'une traque, et finissent sous le joug d'un conditionnement et de règles étouffants qui cadenassent la pensée, qui oppriment les opportunités d'imaginer et d'oser, qui enferment l'expression, *in fine* qui constituent une négation du *progrès humain*. Bientôt, chaque mot, chaque virgule, chaque silence, nous sera dicté. Qui s'est dressé, en novembre 2014, contre l'inouïe condamnation – sanctionnée financièrement par le retrait d'un quart de son indemnité parlementaire – du député UMP Julien Aubert, « coupable » d'avoir dénommé « Madame le Président » son homologue (PS) Sandrine Mazetier qui exigeait d'être titrée « Madame la Présidente » ? Cette anecdote est symptomatique d'un climat d'infantilisation, de désappropriation et de déresponsabilisation qui nuit à la santé même de la société.

Alors dans ce contexte, quel rôle l'institution judiciaire exerce-t-elle ? Elle n'en est pas à l'origine, mais puisque l'état d'esprit de la plupart de ses acteurs est empreint de ces principes et inféodé à leurs manifestations, elle l'entretient et participe donc à le pérenniser et à le consolider. L'hyper-réglementation ne s'est jamais aussi parfaitement arrimée à l'institution. Chaque nouvelle restriction législative des libertés trouve immédiatement sa traduction dans les tribunaux...

Denis Lafay. –... et sa « justification » dans la conjoncture. La gestion de chaque drame questionne le comportement citoyen, la motivation contrastée des mobilisations populaires, l'action de l'État, des représentants politiques et du pouvoir judiciaire. Estimez-vous que le double attentat de *Charlie Hebdo* et de l'Hypercacher avait marqué une rupture ?

Éric Dupond-Moretti. – En premier lieu, il faut retenir l'impressionnante compassion collective pour les victimes, l'extraordinaire mobilisation populaire qui portait les ferments de la nation, de la République, et finalement du plus essentiel : la fraternité. Et cela – nonobstant les polémiques qui ont suivi et qui ne sont pas sans fondement – dans un mouvement qui avait transcendé les habituels clivages sociaux, religieux, ethniques.

Mais soyons réalistes. Le temps de cette formidable émotion n'avait pas duré. D'aucuns imprégnaient leur soutien à *Charlie* de leurs opinions, de leurs obédiences, même lorsqu'elles s'opposaient totalement à l'esprit et à l'œuvre des victimes. N'entendait-on pas communément appeler au rétablissement de la peine de mort pour venger les dix-sept assassinats ? Et même l'équipe de l'hebdomadaire ne s'était-elle pas déchirée, écrasée sous les dissensions internes et un trésor financier aussi inespéré qu'embarrassant et étourdissant ?

Restent les interrogations, profondes, que l'événement avait soulevées. Qui portent sur le « vivre-ensemble ». Et qui ont une traduction politique. Le Rassemblement national [Front national] est le fruit de son histoire, son ADN le destine à la stigmatisation, au rejet et au racisme. Le « vieux » s'est occupé des Juifs, l'héritière, des Arabes, mais le squelette idéologique est scrupuleusement identique, et le dessein, limpide, ne doit tromper personne. Toutefois, sa popularité résulte principalement du comportement de la classe politique républicaine qui, tour à tour par couardise, incompétence et stratégie politicienne, a laissé en friche, voire enseveli, des problématiques majeures que la formation extrémiste a su habilement récupérer puis exploiter. Les prestations sociales des immigrés en sont un exemple. Et toujours par pleutrerie, mais aussi par peur de s'écarter d'un politiquement correct et d'une autocensure mortifères, les responsables républicains – et particulièrement les hiérarques socialistes – ont abandonné aux seuls remèdes frontistes la résolution de problématiques sociétales qui réclament de tout autres parades. Marine Le Pen au second tour de l'élection présidentielle en est l'incarnation. Ce phénomène, c'est ce que je dénomme le « racisme à rebours » : par peur d'être taxé de « facho », on n'ose surtout pas réprimander le serveur noir qui nous renverse le café sur le pantalon. Alors que s'il était blanc...

Denis Lafay. – La liberté de penser et de dire est, là encore, confisquée, cette fois au détriment non seulement des libertés individuelles mais aussi de la démocratie. D'un tabou il est fait une menace...

Éric Dupond-Moretti. – Ai-je encore le droit de dire publiquement, sans être frappé d'anathème, que le voile fracture le socle des valeurs communes qui « fait » société, valeurs partagées, *in fine* nation française ? Ai-je le droit de clamer mon rejet de quelque musulmane intégriste qui refuse de prêter serment à la barre du tribunal au motif qu'elle réserve ce privilège au seul Coran ? Ai-je le droit de réclamer des immigrés qu'ils fassent les mêmes efforts concrets d'intégration – apprentissage de la langue, respect des coutumes – auxquels ma mère s'est conformée lorsqu'elle a quitté l'Italie ? Ai-je le droit de citer Sénèque exhortant les voyageurs vers Athènes à « s'habiller comme des Athéniens » ? Ai-je le droit d'adouber une pensée d'Alain Finkielkraut, de détester le rap, de condamner l'abandon du latin et du grec au collège, sans être considéré comme un affreux « réac » ? La société contemporaine crève de ne pas oser, d'être emprisonnée dans des contingences morales qui ferment la porte à l'exploration objective, impartiale, totale, de sujets de société fondamentaux. Résultat : des débats publics sont tus, et d'autres, aussi sensibles que « l'identité nationale », se concluent par des tombereaux d'insanités et de haine. Doit-on abandonner à Marine Le Pen l'exclusivité des solutions ? Choisit-on de taire ou d'affronter les écueils ? Préfère-t-on infecter ou revivifier le vivre-ensemble ? Voilà les vraies questions que soulèvent et cristallisent les attentats qui frappent la France depuis 2015.

Denis Lafay. – Parmi les poisons qui menacent le plus la liberté figure la tyrannie de la transparence, d'autant plus despotique qu'elle prend désormais appui sur la force de frappe, instantanée et tentaculaire, du numérique.

Nous redoutons une société de traces et de traques, une dictature de la vertu dans laquelle la transparence prendrait l'apparence d'une exigence démocratique pour réaliser le rêve totalitaire. [...] Un spectre hante nos démocraties : le mariage d'une idéologie qui impose de « tout dire » et d'une technologie qui permet de « tout voir ». [...] En apparence doux à l'oreille, le terme de transparence convoque une démarche d'intégrité morale ; il est pourtant pernicieux, car il renvoie à une approche manichéenne selon laquelle le secret serait par nature suspect et la transparence par nature idéale,

relatent dans leur essai, *Mortelle transparence*, Mathias Chichportich et Denis Olivennes[1].

La transparence corrompt la liberté et donc la démocratie. Elle est ce qui peut contredire la foi de Jean-Marc Sauvé, vice-président du Conseil d'État : « Je ne crois pas qu'un peuple puisse abdiquer ses libertés »...

Éric Dupond-Moretti. – Que d'heures nous pourrions consacrer à développer ce passionnant sujet, qui interroge et met en exergue bien sûr l'exercice de la justice, mais plus encore un nombre illimité des facettes de notre quotidien. La revue *Socialter*, dans son numéro 28 [avril-mai 2018] faisant référence à cet essai cosigné par l'avocat et par le président

---

1. Denis Olivennes et Mathias Chichportich, *Mortelle transparence*, Paris, Albin Michel, 2018.

du groupe de médias Lagardère Active, en propose d'ailleurs un traitement synthétique pertinent. Et de citer notamment Jean-Pierre Cavaillé, dans son ouvrage *La Face cachée de l'injonction de transparence*[1] faisant référence à :

> un lien intrinsèque, proprement politique, entre liberté et opacité, et donc entre démocratie et droit au secret ; la société démocratique en effet ne saurait garantir la liberté des citoyens sans protéger certaines formes de secret dont la violation détruit la liberté. [...] Toute action visant la transparence produit du secret, en même temps qu'elle rend visible ce qui était secret. [...] La procédure de mise au secret de la question du secret – le secret désormais tabou – conforte la pente idéologique en faveur de la transparence totalitaire, car évidemment la suspicion jetée sur les procédures d'opacité et de secret en tant que telles facilite la justification de pratiques de surveillance et de contrôle des citoyens qui mettent en péril les libertés publiques [...] Le problème majeur est celui de la reconnaissance ouverte, explicite, publique, transparente si l'on veut, de l'existence de sphères légitimes d'opacité ou de secret.

Denis Lafay. – Sous la plume de cet historien et chercheur, démonstration est faite que « la légitimité du secret » concentre un enjeu majeur de la démocratie contemporaine.

---

1. Jean-Pierre Cavaillé, « La face cachée de l'injonction de transparence », *Les Dossiers du GRIHL* [en ligne], Les dossiers de Jean-Pierre Cavaillé, Secret et mensonge. Essais et comptes rendus, mis en ligne le 3 décembre 2014. URL : <http://journals.openedition.org/dossiersgrihl/6212>. (Tous les liens ont été consultés le 12 juillet 2018.)

Que voulez-vous ? La liberté est partout en péril, et je l'aime. Je me demande parfois si je ne suis pas l'un des derniers à l'aimer, à l'aimer au point qu'elle ne me paraît pas seulement indispensable pour moi, car
la liberté d'autrui m'est aussi nécessaire[1].

Merveilleuse citation de Georges Bernanos, retenue par François Sureau dans son ouvrage *Pour la liberté*[2]. Soixante-dix ans plus tard, est-ce de déconsidérer, de négliger, même de combattre, cette conditionnalité que souffre le plus l'expression de notre liberté ?

Éric Dupond-Moretti. – C'est incontestable. Je n'ai pas de liberté personnelle si la liberté de l'autre est en souffrance, je ne peux pas éprouver la joie d'être libre si je m'échine ou seulement souscris à réduire les libertés des autres. Selon le principe de réciprocité, toutes les libertés et les libertés de tous s'alimentent, se conditionnent. Quand bien même la liberté de l'autre lorgne des lieux, des rivages qui ne sont pas les miens.

Denis Lafay. – Cette liberté d'autrui qui ne correspond pas à la sienne emmène dans l'inconfort, mais cet inconfort devient immédiatement nourrissant s'il est considéré, respecté, et donc parfois éclairant sur sa propre liberté...

Éric Dupond-Moretti. – Une telle évocation permet d'exhumer la mémoire de Léo Ferré, et notamment ce que charrie le thème, si épineux, de la morale.

1. Georges Bernanos (1888-1948), *Le Chemin de la Croix des âmes*, 1943, *op. cit.*
2. François Sureau, *Pour la liberté*, 2017, *op. cit.*

Celle des autres, la sienne, et dont l'imbrication ouvre aux pires dangers. La liberté n'est certainement pas d'interdire au nom de sa propre morale, faute de quoi d'une part on s'étouffe autant qu'on étouffe, d'autre part on stigmatise grossièrement des groupes entiers dans la négation de l'individualité. Or c'est la reconnaissance de cette individualité, la reconnaissance que chacun « est » singulièrement, la reconnaissance des différences comme étant autant de trésors, qui fondent le vivre-ensemble.

De toute façon, je suis convaincu que nous n'allons pas vivre éternellement dans cette étuve. En référence à sa fille, encore jeune, l'un de mes amis me confiait son optimisme : « Elle connaîtra un jour la liberté qui nous a fuis, car il n'est pas possible que cette situation demeure. »

Denis Lafay. – La grande fébrilité de la démocratie résulte pour partie des grandes vulnérabilités des libertés. Les citoyens sont-ils seulement conscients qu'à confier ainsi à l'État, à la police, aux pouvoirs publics, à la justice, aux élus, le soin de légiférer et de compresser le champ des libertés, ils s'exposent à une déresponsabilisation, personnelle et donc collective, qui menace l'*initier*, le *résister*, le *créer*, le *bâtir-ensemble* ?

Éric Dupond-Moretti. – La base a conscience de cela. Ou plutôt j'ose le croire... ou l'espérer. Tolérera-t-elle longtemps qu'« on » décide pour elle : qu'il ne faut pas fumer sur la plage, qu'il ne faut plus faire apparaître de cigarettes sur les affiches ou dans les films – mais sans elles, notre représentation de Gabin, de Camus, de Malraux ou de Gainsbourg est totalement trompeuse, et même irrespectueuse de ce qu'ils furent –, qu'il faut dissuader de rééditer Céline, qu'il faut manger cinq fruits et légumes par jour, qu'il ne faut même plus boire un verre de vin, qu'il faut écarter l'œuvre de Balthus supposée déviante, etc., etc. La liste est infinie d'actes concrets ou dissimulés qui relèvent de méthodes staliniennes. Sous couvert d'un hygiénisme déjà délétère, « on » s'emploie à rétracter la *liberté individuelle de décider de son individualité*. Pardonnez cette observation démagogique, cette anecdote peut-être réactionnaire, mais elle n'est pas infondée : ce « on », qui rassemble l'ensemble des élites, a beau jeu d'imposer des limitations de vitesse draconiennes et des permis à points, elles qui voyagent à l'arrière de limousines conduites par des chauffeurs...

La peur génère toujours de mauvais réflexes, et en premier lieu d'autres peurs : celle des conflits et des clivages, celle des différences et de l'incertitude, celle des souffrances et de la mort... et donc inexorablement *rejet* et *repli* – d'ailleurs deux des marqueurs principaux de la doctrine lepéniste. Songez qu'à la cour d'assises de Saint-Omer a été testée l'installation d'une cellule psychologique à destination des... jurés, afin de les aider à juguler leurs peurs. Mais la peur fait partie de l'exercice ! Elle contribue à l'investissement émotionnel ! Elle participe à la force du jugement que prononcent, *in fine*, les jurés ! Que serait un juré qui ne se rongerait plus les ongles, qui ne tremblerait plus, qui ne serait pas envahi par le doute ? Il faudrait désormais rayer cette réalité ? Il faudrait soustraire les jurés aux aléas ? C'est symptomatique d'une société déterminée à aseptiser, à déculpabiliser dans la déraison, et pour cela à rétrécir les libertés. Comment, dans de telles conditions, peut-elle espérer être portée par une démocratie épanouissante, par une vitalité collective constructive ?

Denis Lafay. – Le procès Merah vous a nécessairement conduit à questionner un sujet fondamental : l'articulation, c'est-à-dire la hiérarchie ou la subordination des valeurs religieuses et des valeurs laïques. Vous avez d'ailleurs défendu un homme dont vous reconnaissez qu'il place le système judiciaire « en dessous » de ses propres convictions. Votre agnosticisme et votre regard sur la place des religions dans les consciences et dans la société s'en sont-ils trouvés interpellés ? Cette exploration vous a-t-elle invité à vous (ré)interroger sur votre propre rapport à la foi ?

Éric Dupond-Moretti. – Non. Je suis catholique de baptême, je n'ai presque jamais pratiqué, et pendant longtemps j'étais éloigné de la foi avant qu'un ami intime m'en rapproche.

Denis Lafay. – Au final, que reste-t-il, qu'aurait-il fallu qu'il reste, que faudrait-il qu'il reste de ce procès au sein de la société française ?

Éric Dupond-Moretti. – Tant d'enseignements... En premier lieu, que la France dispose d'une juridiction qui est capable de ne pas se soumettre à (une partie de) l'opinion publique. Et cela, il faut s'en réjouir. Les réflexions que soulèvent la tenue, les débats, les réactions de ce procès, sont nombreuses. Et essentielles. De toutes celles que nous avons examinées, si je dois en retenir une, c'est que face à la menace et aux aspirations terroristes qui cherchent à déstabiliser notre société et à en ruiner les fondations, il faut être inflexible : leur but est de faire bouger nos valeurs, notre responsabilité est donc de les honorer plus encore, de les sanctuariser. Et on le constate, à la fois chez ceux qui appellent au rétablissement de la peine de mort ou au durcissement des conditions pénitentiaires, et chez ceux qui appellent à ne plus blasphémer, la peur provoque un « recul », le renoncement à certains fondamentaux de notre liberté.

Chapitre 3

Georges Tron, Jérôme Cahuzac,
Karim Benzema, Roselyne Godard,
Théodore Luhaka...
D'autres procès qui éclairent
l'état de la société

Denis Lafay. – Votre défense de Georges Tron – le maire de Draveil et ancien secrétaire d'État à la Fonction publique [2010-2011] est poursuivi par deux ex-employées municipales au motif de viols et d'agressions sexuelles – met en lumière une actualité à la fois brûlante et de fond : la libération de la parole des femmes victimes de prédations sexuelles. Depuis les révélations sur le producteur américain Harvey Weinstein à l'automne 2017, une prise de conscience s'est fait jour, particulièrement dans les pays de culture anglo-saxonne. Comme l'a démontré la prise de position publique des cent femmes (parmi lesquelles Catherine Deneuve, peu suspecte d'indulgence pour la phallocratie) appelant à la liberté d'importuner, *là encore* le sujet est épidermique, même éruptif, et *là encore* convoque un nuancier assombri par la « radicalité des esprits ». Ou comment distinguer l'innommable – viol, agressions, chantage sexuel dans le cadre professionnel – de la « simple » grossièreté et plus encore des jeux de séduction. De l'immense satisfaction de voir les femmes se libérer d'une invivable servitude silencieuse aux excès puritanistes, il est bien difficile d'émettre un jugement tranché…

Éric Dupond-Moretti. – Cette affaire est emblématique des interprétations, antithétiques, de la « victimisation », mais surtout elle illustre la fureur dominante. Et la manière dont le processus judiciaire se déroule en est la preuve. Voilà deux accusés, dont Georges Tron, poursuivis par deux femmes. Ils ont d'abord bénéficié de deux non-lieux prononcés par deux juges d'instruction sur réquisition conforme du parquet. Puis un appel est interjeté par les parties civiles, lors duquel le parquet général se prononce également pour un non-lieu. Devant la cour d'assises d'appel, ce procès aurait dû durer quelques jours ; or de longues semaines sont programmées. Le procureur chargé de requérir fait citer une quarantaine de témoins. L'un d'eux affirme que vingt-cinq ans plus tôt, Georges Tron aurait posé sa main sur celle d'un des témoins. Et le procureur fait ses choux gras d'accusateur avec ce geste dont on ignore s'il est avéré, que l'accusé conteste fermement, et qui n'a strictement aucun intérêt. Vous rendez-vous compte ? D'avoir posé sa main sur celle d'une femme constituerait donc un acte pouvant corroborer une supposée agression sexuelle. Quelle folie… Et que dire de l'aveu même du président regrettant qu'une femme n'ait pas été nommée à sa place, notamment parce qu'il se sentait embarrassé d'aborder certaines questions ! Cela signifiant donc que le magistrat s'estime incapable d'assurer l'impartialité et l'équidistance entre les parties que dicte toute conduite de procès…

Denis Lafay. – Toute hystérisation d'une situation tend à obstruer ce qu'elle sous-tend véritablement. En l'occurrence, l'« affaire » Weinstein a déclenché une antagonisation convulsive de la société et des genres, qui occulte ou dénature les sujets de fond que soulève la révélation des manquements inadmissibles des prédateurs sexuels abusant de leur pouvoir pour contraindre, asservir et, pire, violer…

Éric Dupond-Moretti. – Oui, la gestion de ce procès est à l'aune du débat public né dans le sillage de l'affaire Weinstein : surréaliste. Incontrôlée. Il n'y a plus de limites, la déraison l'emporte sur la raison. De grâce, ne confondons pas tout, ne mettons pas sur un même plan le viol et la séduction maladroite, l'égalité salariale et la rivalité des sexes, la visibilité professionnelle des femmes avec un égalitarisme ubuesque. Mesure-t-on l'extrémisme et même la dangerosité de mouvements comme celui baptisé « Balancetonporc » qui invite à la délation et à la condamnation publiques au risque de dérapages incontrôlés, de mensonges gravissimes ? Dans une société sacralisant à ce point la victime, pense-t-on au sort réservé aux hommes que la société va juger et punir sans avoir connaissance d'un seul élément de preuve et sans que la parole de l'« accusé » ne soit audible ? Dans un registre nettement plus anecdotique et léger mais pas moins grave par sa résonance et son symbole, était-il normal qu'au motif d'avoir partagé, lors d'un *talk show* sur une chaîne concurrente, une simple blague, même sexiste et de mauvais goût, l'humoriste Tex soit l'objet d'une telle vindicte – via les réseaux sociaux mais aussi de la part de la secrétaire d'État en charge de l'Égalité hommes-femmes, Marlène Schiappa, fustigeant une sortie « indigne et irrespectueuse » tendant à « banaliser les violences conjugales » et saisissant alors le CSA –, et finalement soit licencié de l'émission *Les Z'Amours* qu'il animait depuis dix-sept ans ?
Cette même Marlène Schiappa était-elle légitime à s'ériger en procureur pour qualifier de

« féminicide » le meurtre d'Alexia Daval dont son mari est accusé ? Est-elle bien dans sa responsabilité ministérielle de se substituer ainsi au travail, au rythme et à l'indépendance de la justice, d'être complice et même support des dérapages et des pressions insupportables exercées par la *vox populi* ? Le mouvement féministe doit absolument s'interroger sur sa stratégie et ses méthodes. A-t-il pour objet de lutter *contre* la masculinité ? Une meilleure condition des femmes doit-elle être envisagée *contre* celle des hommes ? Faut-il mettre au ban des relations humaines entre les hommes et les femmes l'histoire séculaire et les spécificités culturelles de leurs rapports, quand bien même celles-ci sont perfectibles, évoluent perpétuellement et doivent intégrer les nouvelles aspirations comportementales ? Qui peut croire que le progrès d'une moitié de la population passera par la stigmatisation de l'autre moitié ? Il faut résister à la posture victimaire et à la pression hygiéniste instrumentalisées de manière irresponsable par quelques figures publiques ou journalistiques complaisantes.

Denis Lafay. – Vous vous êtes fortement mobilisé pour la « cause corse ». Vous avez participé à la défense d'Yvan Colonna et de bien d'autres insulaires, vous avez obtenu l'acquittement de Jean Castela, poursuivi pour avoir commandité l'assassinat du préfet Érignac. Les électeurs corses ont placé leur Assemblée sous les couleurs indépendantistes. Partout en Europe, de la Grande-Bretagne défigurée par le Brexit à la Catalogne sécessionniste, de la Belgique scindée aux éternelles aspirations autonomistes de l'Italie du Nord, l'hypothèse d'une fracturation des nations au nom de l'identité et des racines progresse. N'est-ce pas davantage le signe d'un repli délétère, d'un péril démocratique, que celui d'une émancipation culturelle ?

Éric Dupond-Moretti. – Je vais vous faire une réponse de Normand... Aux quatre coins de l'Europe l'aspiration au régionalisme progresse. Le système fédéral allemand, fondé sur des Länder dotés de très importantes prérogatives, ou le statut spécial accordé à la Sardaigne en 1948 en sont une illustration déjà ancienne, tout comme, aujourd'hui, le vœu séparatiste d'une partie des Écossais, des Catalans, des Corses, des Belges. Voilà quelques exemples, parmi d'autres, de cette vague qui, bien sûr, n'épargne pas la France. Or pourquoi cette France qui, trente ans après les événements sanglants, concède aux autochtones de Nouvelle-Calédonie de se prononcer, le 4 novembre 2018, sur l'indépendance et la pleine souveraineté de l'archipel, devrait-elle demeurer sourde vis-à-vis d'une Corse – française depuis seulement 1789 et trente-quatre ans plus tôt initiatrice d'une Constitution démocratique moderne considérée comme la première d'Europe – qui a démocratiquement porté au pouvoir une coalition nationaliste mêlant autonomistes et indépendantistes ? Dans cette France viscéralement jacobine, une telle vision est difficilement recevable. Tout comme l'Espagne, à peine sortie du franquisme et morcelée en territoires parfois artificiellement agglomérés, peine à reconnaître les aspirations séparatistes catalanes. Je n'ignore pas que dans ces deux cas le sort de la nation et de la République est en jeu, et qu'apporter une réponse tranchée est extraordinairement difficile. Je n'ignore pas non plus que la Corse est une mosaïque d'histoires, de trajectoires familiales et professionnelles, d'aspirations personnelles – Corses de souche depuis peu ou beaucoup de générations, *plus* ou *moins* attachés ou hostiles à l'autonomie, à l'indépendance, à la République française, etc. –, et que l'hétérogénéité de ce kaléidoscope hypothèque le dessin d'une perspective limpide. Sans compter la complexité, peut-être même l'insolubilité des répercussions économiques, militaires, diplomatiques, géopolitiques d'une telle émancipation. Mais pour autant, le droit des peuples à disposer de leur avenir et à construire une perspective cohérente avec leur identité, leurs racines, leurs spécificités, ne doit-il pas être considéré ?

Denis Lafay. – Vous avez défendu deux joueurs de football, Jacques Glassmann en 1993, puis Karim Benzema. Vingt-trois années séparent ces deux affaires. Absolue immoralité des rémunérations (jusqu'à trente millions d'euros par an) et des transferts de joueurs (désormais au-delà des deux cents millions), marchés marketing planétaires, opacité des circuits de financement, corruption tentaculaire, leviers de blanchiment, enjeux géopolitiques, exploitation de joueurs adolescents en provenance d'Afrique : ce que l'économie du football est devenue est « simplement » le reflet de l'époque matérialiste, marchande, consumériste. Comment le fils d'ouvrier métallurgiste et de femme de ménage déchiffre-t-il cette évolution ?

Éric Dupond-Moretti. – Dans *La Vie de Galilée* (1938), Bertolt Brecht fait dire au disciple de Galilée : « Malheureux le pays qui n'a pas de héros ! » Et le maître de répondre : « Non, malheureux le pays qui a besoin de héros »… On a les héros qu'on peut. Chaque époque a les héros qui correspondent à ce qu'elle est. Et les footballeurs sont les héros du XXIe siècle commençant. Cela dans une considération, une interprétation des richesses à mes yeux inconcevable, mais symptomatique des caractéristiques de notre contemporanéité. Quelque grand patron d'une entreprise de dix mille salariés est conspué parce qu'il est rémunéré cinq cent mille euros par an, quelque joueur de football est encensé parce qu'il perçoit vingt fois plus pour taper dans un ballon. Le premier est dégradé proportionnellement à ses revenus, le second est idolâtré parce que ses revenus sont astronomiques. L'échelle et les critères de valeurs à partir desquels l'ampleur des rémunérations est jugée compréhensible ou incompréhensible au sein d'une société sont révélateurs de son état de santé. Aujourd'hui, ce n'est pas aux découvreurs de vaccins, aux scientifiques altruistes, aux humanistes les plus engagés que les auréoles sont décernées, mais à ceux qui divertissent. Ceux qui diffusent l'anecdote se sont imposés à ceux qui incarnent l'essentiel, ceux qui s'emploient à faire progresser l'humanité se sont effacés au profit d'illusionnistes. Lorsque le joueur brésilien Neymar fut recruté (deux cent vingt-deux millions d'euros !) par le PSG en 2017, il fut célébré par la tour Eiffel qui lui consacra ses décorations et illuminations ; avait-on fait de même, trente-quatre ans plus tôt, pour le biologiste et futur prix Nobel de médecine Luc Montagnier pour sa découverte du VIH ?

Denis Lafay. – En 2004, vous obtenez l'acquittement de Roselyne Godard, lors du premier procès d'Outreau. Une quinzaine d'années plus tard, ce qui constitue l'un des plus grands scandales de la justice, surtout l'un des plus implacables révélateurs de ses dysfonctionnements, a-t-il servi à réparer, même « un peu », cette justice ?

Éric Dupond-Moretti. – Rien, absolument rien n'a changé. En premier lieu parce que les juges eux-mêmes ont tout entrepris pour éviter l'opprobre sur leur profession et son fonctionnement. Ils se sont vengés de ce qu'ils ont estimé être un outrage, en édulcorant et en minimisant l'ampleur du fiasco. « Fabrice Burgaud n'a pas si mal manœuvré », entendait-on communément, au sein de la corporation, à propos du juge en charge de l'instruction entre les mains duquel se sont concentrés l'ensemble des manquements et des agissements, mais qui n'aurait jamais dû comparaître seul et qui se révélera être un bouc émissaire bienvenu pour maquiller les dysfonctionnements systémiques. Plus tard, avec le soutien du syndicat FO-magistrats et en écho aux révisionnistes qui commirent un film d'une insigne malhonnêteté, *L'Autre Vérité*[1], tout fut entrepris pour que le jeune Daniel Legrand soit rejugé. Il avait été jugé en qualité de majeur, mais une partie de la prévention couvrait une période pendant laquelle il était encore mineur. Le procureur général de la cour d'appel de Douai s'était engagé à ce qu'aucun autre procès ne soit organisé. Son successeur trahit cette promesse. C'est ainsi qu'un nouveau procès se tint à Rennes, et pour la seconde fois Daniel Legrand fut acquitté – ès qualité de majeur, puis de mineur –, et de nouveau sur réquisition conforme du parquet général ! L'avocat général Stéphane Cantéro reconnut n'avoir jamais été confronté à une telle situation. C'est-à-dire qu'à des fins vengeresses pour espérer réhabiliter leur profession salie au cours de cette affaire, des magistrats avaient décidé d'un acharnement inhumain et mobilisé moult arguments tous plus mensongers les uns que les autres contre un prévenu

---

1. Film réalisé par Serge Garde, sorti en France en 2013.

déjà blanchi. Un scandale absolu, témoignage parmi bien d'autres des mensonges, des dissimulations, des instrumentalisations, de l'hystérisation, qui ont particularisé cette affaire avant, pendant et après son déroulement aux assises. Aujourd'hui, et malgré la qualité des travaux produits par la commission parlementaire *ad hoc*, l'immobilisme est de rigueur, parce que la puissance de résistance et de pression de la profession est considérable.

Denis Lafay. – Vous avez défendu en appel Jérôme Cahuzac, et obtenu qu'il échappe à la prison – condamné à quatre ans de prison dont deux fermes, il bénéficie des nouvelles dispositions pour les peines ne dépassant pas vingt-quatre mois. Un ministre du Budget reconnu coupable de fraude fiscale est-il l'incarnation paroxystique de l'immoralité en politique ? Le défendre signifiait-il que le procès aurait dû être davantage celui d'un système que d'un homme ?

Éric Dupond-Moretti. – Oui, ce qu'il a commis est un symbole spectaculaire de l'immoralité. Mais sa condamnation en première instance à trois années de prison ferme, expliquée par son mensonge, était absolument injustifiée : aucun prévenu n'a jamais éprouvé un tel jugement pour ce type de délit. Et dans ces conditions, l'issue de l'appel doit être considéré comme équilibré.

Cette affaire est tout à fait caractéristique de notre époque contemporaine si triviale, si grossière dans ses appréciations. La compréhension de cette fraude exigeait d'être dans la nuance. J'ai l'intime conviction que l'ouverture de son premier compte en Suisse avait été motivée, à l'origine, par un Michel Rocard en quête de financement de parti ; en 1992, Jérôme Cahuzac n'est pas ministre, pendant longtemps il ne prélèvera pas un centime – alors même qu'il en a besoin, ce qui est la présomption que cet argent ne lui appartient pas –, et ce type de délit comme d'ailleurs la pratique du mensonge ne font pas l'objet d'une stigmatisation et de poursuites comparables à celles d'aujourd'hui. Le rigorisme moral et le puritanisme sont passés par là, qui anéantissent toute compréhension – à défaut d'acceptation – du mensonge. Ainsi, Jérôme Cahuzac est crucifié publiquement pour avoir menti sans qu'une seule fois les causes et le cheminement de ce mensonge ne soient examinés. C'est infiniment réducteur. Il a menti parce qu'il se retrouve prisonnier d'une fraude qu'au départ il n'a pas voulue, qu'au fil d'une ambition irrésistible il va exploiter – bien peu d'hommes renoncent à leur destin –, qu'au gré d'un effondrement familial et d'un divorce coûteux il perçoit comme une sécurité, et dans laquelle il est peu à peu et irréversiblement enfermé. Et qu'il ait été un ministre dont la compétence était unanimement saluée à gauche et même à droite l'a sans doute confirmé dans son mensonge, comme si l'aveu de cette fraude ne pouvait pas, ne *devait* pas le retirer de la mission de service public qu'il exerçait avec tant de qualité.

Denis Lafay. – Voulez-vous indiquer là que l'appréhension des infractions épouse les évolutions propres à chaque époque, et qu'en l'occurrence votre client aurait payé iniquement l'interprétation contemporaine du mensonge ?

Éric Dupond-Moretti. – C'est incontestable. En 1942, Marie-Louise Giraud fut condamnée à mort et guillotinée un an plus tard. Le « crime contre la sureté de l'État » dont elle s'était rendue coupable ? Elle avait procédé à des avortements... C'est en 1992 que Jérôme Cahuzac a initié l'infraction de fraude fiscale pour laquelle la justice l'a puni vingt-six ans plus tard. À l'époque, cette infraction était considérée par les concitoyens comme un sport national. Quant au mensonge, l'appréciation que la société lui porte n'a-t-elle pas elle-même considérablement changé, ne s'est-elle pas durcie au fur et à mesure que s'imposait le diktat de la transparence ? Lorsque Jacques Chirac fut élu président de la République, les Guignols de l'info n'en avaient-ils pas fait un personnage populaire à coups de « Super-menteur » ? Ce serait impossible aujourd'hui.

Denis Lafay. – Mais tout de même : où situez-vous alors l'exemplarité ? La fonction de ministre n'exige-t-elle pas une éthique irréprochable – et pour le moins dans son domaine d'expertise ? Comment espérer restaurer un peu de vitalité au sein de la démocratie représentative, réconcilier le peuple avec ses gouvernants si leur exemplarité n'est pas une condition de leur emploi ?

Éric Dupond-Moretti. – Pourquoi le ministère public n'a-t-il jamais poursuivi Liliane Bettencourt, propriétaire de L'Oréal, pour la centaine de millions d'euros dissimulés dans les paradis fiscaux ? Johnny Halliday a bénéficié à sa mort d'un hommage national bien mérité pour sa carrière artistique. Cela au prix d'un silence bien plus contestable sur les turpitudes fiscales qui émaillèrent ses décennies de gloire. L'exemplarité occupe une échelle de valeurs infinie... Ces deux « héros » de l'économie et de la chanson françaises devaient-ils bénéficier d'un traitement opposé à celui, d'acharnement, réservé

à Jérôme Cahuzac – quand bien même sa responsabilité ministérielle pouvait en effet constituer
une cause aggravante ? L'exemplarité de ce dernier
est-elle plus défaillante que celle des deux autres ?
Enfin, n'a-t-il pas déjà largement « payé » ? Si la
prison lui a été, fort heureusement et fort justement épargnée – son ex-femme se rendit coupable
d'une fraude d'une plus grande ampleur, mais écopa
d'une sanction moindre ! –, la société moralisatrice s'est chargée de le punir irréversiblement. Tel
paparazzi le photographie alors qu'il est à terre,
victime d'une glissade, et le prévient qu'il titrera
« La chute » ; après un parcours du combattant à
l'issue duquel il peut se réinscrire devant le conseil
de l'Ordre, il décide de participer à une mission
humanitaire, mais doit faire face à un confrère refu-
sant de collaborer avec lui. Etc., etc. La liste des
avanies est longue, qui l'a concrètement exposé à
la tentation du suicide. Il est désormais, pour longtemps et peut-être pour toujours, considéré comme
un paria. Cela ne suffit-il pas ?

Denis Lafay. – À l'aune de ce dossier, et plus largement d'une grande partie de ceux traités dans
le prétoire des cours d'assises, constate-t-on que
la société contemporaine peine particulièrement à
accorder le « pardon » ?

Éric Dupond-Moretti. – C'est indéniable. Mais
comment pourrait-il en être autrement lorsque
l'appréciation de chaque sujet est binaire, lorsque
la radicalité a balayé les jugements de toute
nuance, de toute objectivité, de toute distance,
lorsque cette pression communicationnelle est à ce
point extrêm(ist)e ? Et lorsque la morale devient
l'axe cardinal des opinions ? Lors du procès en

correctionnelle dit du Carlton[1], l'incroyable chape publique et médiatique qui ombrait la présence de Dominique Strauss-Kahn valut à l'événement d'être détourné sur le terrain, inacceptable et délétère, de la morale, cette morale qui exacerbe et aveugle les jugements. Cette morale qui hypothèque le pardon. Il faudra le courage du président Bernard Lemaire pour isoler les débats de ce poison dévastateur.

Denis Lafay. – Fondez-vous quelque espoir en la moralisation de la vie politique, ou la régénération de l'espace démocratique n'est-elle que chimère ?

Éric Dupond-Moretti. – Cette question convoque en premier lieu la considération de l'argent au sein de la société. Selon les critères du populisme, on ne doit pas pratiquer la politique si on est riche, la modestie est garantie de probité… Certes, il ne s'agit pas de revenir à un régime censitaire réservant aux seules castes prospères la possibilité de faire de la politique. Mais faisons l'effort, là encore, d'échapper aux stéréotypes les plus aberrants. L'histoire politique n'a-t-elle pas fait la démonstration qu'il y avait des élus de condition modeste malhonnêtes et de riches élus totalement intègres ? Je suis convaincu qu'une grande majorité du personnel politique est composée de gens honnêtes. Nombre d'entre eux abandonnent des situations privées lucratives pour épouser une carrière politique et exercer des responsabilités qui les exposent à bien des égards. Et que dans le temps de leur trajectoire professionnelle privée ils aient accumulé des succès pécuniaires est un atout, contrairement à ce que la jalousie généralisée

---

1. Éric Dupond-Moretti y défendit David Roquet, ex-patron d'une filiale d'Eiffage, poursuivi pour proxénétisme aggravé, escroquerie et abus de confiance. Celui-ci fut finalement relaxé.

inocule au sein de l'opinion publique. Renoncer à de copieux émoluments pour se consacrer à la « chose » publique n'est-il pas un signe vertueux ?

Denis Lafay. – Au même titre que la justice, la politique et l'information, la police constitue l'une des poutres fondatrices de la charpente démocratique. Au-delà de celle du jeune Théodore Luhaka, dit Théo, en février 2017, victime supposée de viol par quatre policiers à Aulnay-sous-Bois, nombre de défenses que vous avez assurées vous ont confronté au fonctionnement, au comportement de la police. De quoi peut-elle être *particulièrement créditée* ? Et *particulièrement blâmée* ? Comment la place et la reconnaissance de la police, le métier et l'intégrité des policiers doivent-ils être questionnés ?

Éric Dupond-Moretti. – « C'est une expérience éternelle que tout homme qui a du pouvoir est porté à en abuser », citait Montesquieu. « Éternelle » au XVIIIe siècle, éternelle près de trois cents ans plus tard, la pratique excessive et déplacée du pouvoir est une antienne. Personne n'est protégé de cette dérive, et donc aucune institution n'est épargnée. La police, comme toute autre institution, est composée d'un corps social couvrant un éventail très large de personnalités, de comportements, de convictions. Les plus droits côtoient les plus corrompus, les plus humains cohabitent avec les plus cruels. Et que, par exemple, le Rassemblement national [Front national] exerce une percée significative dans ses rangs n'augure rien de réjouissant. Des pressions inacceptables perdurent – celle portant notamment sur le temps et le rythme de sommeil, savamment rompus au cours des gardes à vue pour vulnérabiliser le prévenu lors des auditions –, la justice éprouve toujours autant de difficultés à exercer son autorité et sa compétence lorsque des policiers sont l'objet de l'instruction – le rapport de force ne lui est pas favorable, car toute son « œuvre » s'écroule si l'institution policière renâcle – ; toutefois, avec le temps, grâce au durcissement des réglementations, de la loi et des sanctions en cas d'abus, grâce aussi à un meilleur encadrement et à la présence dissuasive des avocats en garde à vue, grâce, enfin, à une évolution des comportements dictée par l'exigence sociétale, le nombre de graves dérapages a sensiblement régressé.

Chapitre 4

Une justice empoisonnée et déshumanisée,
qui lézarde davantage qu'elle-même :
des fondations de la civilisation

Denis Lafay. – Réseaux sociaux, chaînes d'information en continu, internet, ont donc largement contribué à l'hystérisation du procès Merah, à un embrasement collectif favorisé par la nature perverse desdits réseaux sociaux – outre l'anonymat, la culture d'un narcissisme et d'une fatuité qui confèrent un sentiment d'« importance » aux usagers. Mais sont-ils bien plus aigus que ceux qui déchiraient la France des décennies précédentes, une France que les grandes affaires de meurtres, d'attentats des mouvements gauchistes ou de braquages divisaient ? Et plus loin encore, sous la IIIe République, que dire de « l'affaire » Alfred Dreyfus…

Éric Dupond-Moretti. – Il est exact qu'à la fin du XIXe et au début du XXe siècle, le sort réservé à l'officier accusé de trahison avait fracturé la société française en deux. Les « dreyfusards » et les « antidreyfusards » s'affrontèrent pendant plus de dix ans, dans une ambiance qui effectivement devait être très enflammée. Ce qui distingue les époques ? Celle-ci était sans doute davantage binaire, mettant face à face des argumentaires certes tranchés, mais structurés, visibles, « appropriables » par la population. Aujourd'hui, les opinions sont fragmentées en autant d'individus qui, via l'internet, les réseaux sociaux et les plateaux de télévision, s'estiment légitimes pour répandre un commentaire, voire plus souvent un jugement. D'autre part, et cela résulte des mécanismes naturels de la mondialisation qui démultiplient « tout » dans le temps et dans l'espace, chacun est sollicité pour se prononcer sur un éventail presque infini de sujets. Cette double prolifération tous azimuts, extrêmement diffuse et donc incernable, est problématique, car l'opinion publique peine à s'inscrire dans une trame claire, à se rassembler et à s'incarner dans une vision, une perspective. Et ainsi, nombre d'enjeux de société fondamentaux ne sont pas traités ou s'évanouissent dans le non-dit. Les Français djihadistes interpellés en Irak, quel sort faut-il leur réserver ? Faut-il laisser à des barbares le soin de juger ces barbares et de les exécuter ? Doit-on transiger avec l'abrogation de la peine de mort votée en 1981 ? Faut-il tout entreprendre pour que la loi de la France leur soit appliquée ? Voilà un sujet, pioché parmi bien d'autres, que penseurs et intellectuels font le choix d'éluder, livrant l'opinion publique à elle-même.

Denis Lafay. – Ce contexte du « tout-communication », cette époque de la « communication partout », indiquent-ils qu'aujourd'hui plus qu'hier une culpabilité peut être modelée, ou plus vraisemblablement consolidée, par la pression des médias, des politiques, de l'opinion ?

Éric Dupond-Moretti. – Quel est le principe de la publicité ? Insérer de manière subliminale dans l'esprit des consommateurs un désir, une nécessité. Et pour cela employer des méthodes, y compris de martelage, grâce auxquelles, de manière consciente mais aussi inconsciente – c'est là toute la force de frappe du dispositif –, la « cible » se laisse pénétrer, et donc convaincre, des bienfaits desdits désir ou nécessité. Cette règle vaut tout autant dans le domaine de la justice. Lorsque les rouages de ce « tout-communication » se coalisent pour asséner des opinions, celles-ci prennent valeur de certitude dans les esprits. De plus, ces orientations, ces influences, ne sont bien sûr jamais en faveur des accusés. Les mécanismes sont bien connus : des personnes dites « victimes » ou de l'entourage des « victimes » font l'objet d'interviews, que le journaliste n'hésite pas à présenter, directement ou plus habilement, comme « accablants » ; et comme les médias à la fois constituent l'une des principales sources d'information… des médias et sont engagés dans une compétition propice à la surenchère, ces assertions s'autostimulent et se répandent comme une traînée de poudre. Et tout cela avec force sémantique. Exemple : tel prévenu nie les faits qui lui valent d'être mis en examen ou incarcéré ? « Il persiste à nier », entendra-t-on communément, ce que l'opinion publique interprétera, en substance, comme suit : « malgré le caractère accablant du témoignage, il n'a pas encore consenti à dire la vérité dont le journaliste semble être détenteur »…

Cette machine infernale s'est incontestablement emballée. Il n'existe plus suffisamment de distance et donc de discernement entre certains journalistes et le sujet qu'ils traitent, des plateaux de télévision sont envahis de pseudo-commentateurs, de pseudo-experts, de pseudo-scientifiques propageant leurs certitudes même lorsqu'elles sont fallacieuses, et ainsi les téléspectateurs ou les auditeurs se pensent habilités à devenir qui avocat, qui – plus sûrement – procureur. La *responsabilité d'un média* est d'être un… *médiateur responsable*, un passeur pédagogue, factuel, distancié, prudent, d'informations intègres et démontrées contribuant à un éveil responsable des consciences ; cette discipline, tous les supports de presse et tous les journalistes n'y souscrivent pas, malheureusement.

Denis Lafay. – Une discipline et une éthique auxquelles, elle-même tour à tour prisonnière et complice de l'hystérie communicationnelle, la classe politique n'hésite pas à se soustraire…

Éric Dupond-Moretti. – Les cas concrets constituent souvent la meilleure manière d'illustrer un propos. Celui survenu en décembre 2017 et révélé au printemps suivant, concernant une jeune femme décédée à Strasbourg après un défaut – aujourd'hui avéré, à l'époque seulement supposé – de prise en charge par la plate-forme téléphonique du SAMU, l'est particulièrement. Réseaux sociaux et médias s'emparèrent instantanément de ce cas pour marteler dans l'absolue disproportion, puis juger dans l'absolue inconscience, jusqu'à provoquer dans l'absolue irresponsabilité le lynchage public de l'opératrice incriminée. Se sentant « pressée » par cette effusion populaire et journalistique, la ministre de la Santé se crut alors aussitôt obligée de surréagir, d'une part en s'engouffrant dans la vindicte collective, d'autre part en promettant des mesures d'envergure. En d'autres termes, celle-là même qui aurait dû faire rempart aux dérives de la démocratie contribuait à son dysfonctionnement, décrétant l'application d'un dispositif général à partir d'« un » cas – incontestablement dramatique – parmi les dizaines de millions traités chaque année, et faisant fi de la plus élémentaire des règles : *prendre le temps et le recul* de « comprendre », *prendre le temps et le recul* de saisir les tenants et les aboutissants d'une situation qui convoque un grand nombre de questionnements (fonctionnement des centres d'appels, défaillance personnelle, conditions d'exercice, surcharge potentielle, etc.), *prendre le temps et le recul* de laisser à la police le soin d'éclaircir les conditions du drame, puis à la justice celui d'instruire et de juger, *prendre le temps et le recul* afin d'éviter le piège des réactions disproportionnées. Bref, « prendre le temps et le recul » d'agir de manière responsable… Une exigence inaccessible au XXIe siècle ?

Denis Lafay. – Les professions d'avocat et de journaliste partagent, outre ce même devoir d'honorer la liberté qui leur est accordée, une dérive corrélative : l'autocensure, peut-être la pire insulte, la pire infamie dont on puisse frapper l'exercice de la liberté…

Éric Dupond-Moretti. – C'est malheureusement une réalité. Tout comme l'emploi de pratiques qui salissent ces professions. Un exemple ? *Médiapart*. Micro caché, caméra déguisée, délations (enregistrements illicites dans l'affaire Bettencourt), et même démarches entreprises auprès du procureur pour demander des poursuites (dans l'affaire Cahuzac) : les méthodes, héroïsées, d'Edwy Plenel et de ses séides sont en réalité abjectes et reflètent l'état d'une société qui s'affranchit des règles de conduite, d'éthique et de courage les plus élémentaires. Depuis quand adule-t-on des journalistes transformés en policiers ?

Denis Lafay. – « Mal nommer les choses, c'est ajouter au malheur du monde », affirmait Albert Camus. Cette formule semble s'appliquer particulièrement aux dérives sémiologiques de certains « commentateurs » de la justice...

Éric Dupond-Moretti. – Effectivement. Commentateurs auxquels, d'ailleurs, on peut même associer les auteurs de fiction. L'un de mes clients, Jean-Louis Muller, avait été condamné à deux reprises à vingt ans de prison pour « meurtre », sur son épouse Brigitte. Le 31 octobre 2013, devant la cour d'assises de Meurthe-et-Moselle, les jurés finalement l'acquittèrent. Quelque temps plus tard, une célèbre et sérieuse maison de production eut pour projet la réalisation d'un téléfilm à l'issue duquel les téléspectateurs étaient invités à se prononcer par un vote : le docteur était-il coupable ou innocent ? Quelle folie...

Denis Lafay. – Mais ces médias, que vous jugez cocoupables des dérives, se révèlent aussi être vos alliés. L'influence, parfois même la pression qu'ils exercent peuvent inspirer des verdicts en votre faveur, la réputation et la notoriété qu'ils vous assurent peuvent ne pas être neutres dans la conscience des jurés au moment de décider d'une culpabilité et d'une condamnation, vous savez vous-même les solliciter. Bref, ce « jeu du chat et de la souris » convoque une relation en réalité contrastée, grise. Votre participation à des émissions aussi *manichéennes et caricaturales* qu'*On ne peut pas plaire à tout le monde*, de Laurent Ruquier, n'est pas cohérente avec votre combat contre l'intoxication *manichéenne et caricaturale* de la société...

Éric Dupond-Moretti. – La presse est une pièce de l'échiquier, que les avocats doivent employer à bon escient. Certaines affaires réclament de communiquer, d'autres d'être dans le silence – c'est le cas de celles qui voient un véritable tsunami médiatique balayer la présomption d'innocence. La presse ne « fait » pas tout, et il faut savoir aussi l'écarter du prétoire et du jeu d'influence auquel participe l'ensemble des parties prenantes.

La « loi » de la promotion impose de participer à des émissions auxquelles spontanément on peut ne pas être sensible ou desquelles on peut ne pas se sentir proche. Mais lorsqu'elles sont « grand public », elles ont une vertu : celle de diffuser, avec pédagogie, des explications, des éclaircissements sur des sujets de fond mal compris, mal interprétés par simples raccourcis ou méconnaissance.

Il existe autant de justices que de juges, et « la » qualité du verdict – donc de la justice – est celle du magistrat qui la signe. Cette règle vaut pour « les » médias, et plus précisément pour le journalisme. Des journalistes exercent leur métier avec intégrité, rigueur, exigence, et c'est auprès de ces professionnels spécialistes qui couvrent physiquement les débats et inspirent confiance que je me confie spontanément. En revanche, qu'irais-je faire sur un plateau de télévision auquel participent un policier à la retraite qui n'a pas enquêté sur l'affaire, un psychiatre qui n'a pas expertisé le mis en examen, un ex-magistrat qui ignore tout du dossier ? Cette information-là, hâtive, exhibitionniste et sensationnaliste, je la condamne, et jamais je n'y apporterai ma contribution. Le droit d'informer est capital. Mais pas à n'importe quelles conditions, surtout lorsque celles-ci menacent la présomption d'innocence et s'aventurent dans des interprétations ou des prises de parole déplacées et donc dangereuses.

Denis Lafay. – L'emprise que cette forme délétère du journalisme, notamment lorsqu'elle est martelée sur les chaînes d'information continue, exerce, avant et pendant le procès, sur les consciences des magistrats, des avocats, des jurés appelés à prononcer le verdict, affecte-t-elle, réellement, le fonctionnement intègre de la justice ?

Éric Dupond-Moretti. – C'est incontestable. Les juré(e)s sont des hommes, des femmes, qui, lorsqu'ils prennent place le premier jour des audiences, sont déjà contaminé(e)s. Ce qu'ils ont lu, entendu, vu avant même que ne débute le procès retire toute virginité au traitement des faits. Une partie, même faible, de leur opinion est déjà faite, et le risque est immense que ce préconçu, même ce préjugé, altère grandement l'objectivité qui doit dicter leur appréciation des faits. Mais peut-on y opposer une parade ? Une législation ? Songez qu'en décembre 2017, j'ai dû saisir le CSA et ai obtenu le renvoi du procès aux assises de Georges Tron après que France 2 eut diffusé, dans *Envoyé spécial*, un document à charge dans lequel témoignait… l'une des plaignantes, Virginie Ettel ! Et cela en plein procès !

Denis Lafay. – Dans cette affaire comme dans la quasi-totalité de celles qui vous engagent, la question du doute, ce doute qui profite au suspect, est centrale. Ce que l'ethnologue Christiane Besnier décortique dans son essai *La Vérité côté cour*[1] où elle circonscrit l'objet d'une cour d'assises non à une « certitude morale », mais à une « discussion rationnelle sur les preuves » mettant en lumière « l'irritation du doute ». De votre travail, depuis trente ans,

---

1. Christiane Besnier, *La Vérité côté cour*, Paris, La Découverte, 2017. Voir, sur cet ouvrage, l'article de Pascale Robert-Diard, La « boîte noire » de l'intime conviction, *Le Monde*, 29 juin 2017.

sur le doute, quels enseignements sur ses trésors et ses pièges extrayez-vous ?

Éric Dupond-Moretti. – La considération, inaliénable, qui doit être réservée au doute n'est plus sanctuarisée. La pression de la société, via notamment, là encore, la puissance tentaculaire et la force de frappe émotionnelle des réseaux sociaux et des relais communicationnels, étrangle pas à pas, mais considérablement et irrémédiablement, le périmètre du doute. Dans les affaires de pédophilie et, plus largement, de mœurs – où la compassion victimaire atteint son paroxysme –, il suffit d'accuser pour que la vérité de l'accusateur triomphe. Songez que les jurés font serment de ne trahir ni l'intérêt de l'accusé ni celui de la « victime »... et non celui du (de la) « plaignant(e) ». Les chemins qui séparent l'accusé de la victime, l'accusé du condamné, le plaignant de la victime, sont identiques. Et, bien sûr, l'hégémonie victimaire accélère cette relégation du doute. D'ailleurs, des magistrats s'en émeuvent, et même s'en offusquent. Dans son discours d'audience solennelle le 9 janvier 2013, le premier président de la cour d'appel de Paris, Jacques Degrandi, s'était ainsi exprimé. Il rappelait que la place des victimes avait été pendant très longtemps insuffisamment considérée et qu'il s'était révélé essentiel de mettre fin à cette coupable négligence ; en revanche, et simultanément, il invitait à prendre garde de ne pas verser dans l'excès inverse, c'est-à-dire de ne pas conférer à la victime une place disproportionnée, le rôle actif lors de la procédure pénale devant demeurer exclusivement celui de l'accusé. Au risque, sinon, que ce dernier, et donc l'ensemble des règles de la justice, soient relégués au rang d'accessoires.

Denis Lafay. – Cette société qui refuse les vulnérabilités, qui marginalise les défaillances, qui déteste ces ambivalences, fragilités et zones grises que chacun porte intrinsèquement en lui et que quelques-uns expriment criminellement, est la même qui traque le doute et le silence. Doute et silence, ce double trésor caractéristique de votre métier, et que raréfient les tyrannies de la certitude et du bruit – de toutes les certitudes et de tous les bruits, y compris de ceux qui servent à colmater l'indicible face-à-face de soi avec soi. En économie et dans l'entreprise, le doute est banni. Sa valeur est-elle davantage protégée au sein de l'institution judiciaire et dans l'exercice des métiers de justice ?

Éric Dupond-Moretti. – Rien ne devrait être plus extatique que de prononcer l'acquittement au nom du doute. Or la réalité est tout autre. Tel avocat général est moqué par ses confrères parce qu'il requiert en appel l'acquittement d'un homme condamné en première instance, telle présidente d'assises fond en larmes (de peine) devant les avocats venus la saluer parce que cette affaire, la première qu'elle a conduite, se conclut par un acquittement... Le doute de l'institution judiciaire, c'est la mise en cause du travail précédent des collègues.

« Ce n'est pas le doute qui rend fou, mais la certitude », énonçait justement Nietzsche. Le doute est un « état » à la fois plus confortable et plus difficile d'accès. Il peut être aussi une indicible souffrance. Et la circonspection *a priori* et *de fait* à laquelle il invite distingue les avocats de leurs contemporains. Car les premiers savent trop bien qu'un accusé peut avouer des faits qu'il n'a pas commis.

Denis Lafay. – Prendre le risque de laisser un coupable en liberté domine celui d'enfermer un innocent ; c'est le principe même de l'acquittement au bénéfice du doute. La société est-elle aujourd'hui, plus qu'hier, disposée à inverser le paradigme ?

Éric Dupond-Moretti. – Le doute est une règle constitutionnelle et donc semble *a priori* protégé de toute agression « directe ». En revanche, il faut s'inquiéter des attaques périphériques qui entaillent petit à petit l'édifice et érigent la répression au rang de dogme. De la tentative d'allongement à trente ans du délai de prescription des viols sur mineur aux allégations partiales, plus ou moins fondées et très populaires d'Éric Zemmour, les manifestations ne manquent pas.

Denis Lafay. – Nous avons plus avant effleuré le sujet, or, parce qu'il est central et que vous l'abordez de manière singulière, il réclame d'être investigué en profondeur : la place de la victime. Le justiciable est en premier lieu un citoyen ordinaire qui dans une déraison extraordinaire passe à l'acte, il participe à une représentation qui reflète sans doute assez bien la composition et la situation de la société française. Ce qu'est, ce que désigne, ce que pourchasse, ce à quoi condamne, ou encore le sens que poursuit la loi, forment un marqueur de la société. Des « cas » auxquels vous êtes confrontés, de la nature des drames que vous défendez, des trajectoires humaines, sociales, ethniques que vous croisez, vous avez appris à « lire » la société contemporaine et à comparer son évolution sociologique – y compris en matière de violences, de comportements. L'éventail législatif puis la manière dont la loi est rendue dans les palais de justice indiquent-ils une société *excessivement* victimaire ?

Éric Dupond-Moretti. – La principale manifestation de ce que l'institution, le fonctionnement et finalement la réalité de la justice sont devenus, tient dans la vocation même du procès pénal : il est désormais réduit à la catharsis du règlement psychiatrique des douleurs des victimes. Et il perd son âme.

Le procès pénal est en premier lieu celui d'un accusé ; il a pour mission de défricher, d'explorer, de creuser, de travailler, et de conclure une double interrogation : dispose-t-on des preuves pour étayer (ou non) la culpabilité du justiciable, et dans l'hypothèse où celle-ci est avérée, quelle condamnation faut-il lui associer ? Or le premier constat est celui d'une aggravation des peines, comme si les « vertus » de la répression étaient découvertes ou exhumées. Comme si « cogner dur » signifiait la rémission des crimes. Comme si, finalement, la sévérité de la sanction assouvissait l'aspiration collective à cet hygiénisme et à cette aseptisation dans le sillage desquels les souffrances, les douleurs – mais donc aussi les responsabilités –, s'évanouiraient dans la nature, comme par enchantement ! Or la réalité, c'est que le délit et le crime sont consubstantiels à l'humanité, à toute civilisation et à toute société, puisqu'ils « font partie » de la nature humaine. Et simultanément, une place de plus en plus grande est conférée aux victimes.

Denis Lafay. – À leur endroit, votre opinion est d'ailleurs extrêmement sévère : « On encourage les gens qui souffrent à se contenter d'exister en tant que victimes. On a créé une nouvelle catégorie sociale : la victime, qui a le monopole du cœur, de la souffrance, de la dignité. » La reconnaissance par la société et par le coupable du statut de victime n'est-elle pas au contraire insuffisante en France ?

Éric Dupond-Moretti. – La manière dont l'arsenal législatif et la justice sont aujourd'hui exercés conforte les victimes dans un statut dont elles ne peuvent plus s'extraire. Le dernier procès d'Outreau en est l'époustouflante démonstration. Dix ans après le précédent, il est un non-sens, aucun élément ne pouvant être retenu contre Daniel Legrand, suspecté de faits commis alors qu'il était mineur. « Les enfants doivent pouvoir s'exprimer », enjoignent les associations ; mais la cour d'assises n'est pas l'hôpital psychiatrique ! Enfermer les victimes dans leur statut de victime et dans une posture victimaire, c'est hypothéquer leur reconstruction...

Denis Lafay. – À ce titre, l'ouvrage coécrit par Hélène Romano et Boris Cyrulnik, *Je suis victime ; l'incroyable exploitation du trauma*[1], est riche d'enseignements. À partir d'une dénonciation de l'emploi systématique des cellules d'urgence médico-psychologiques, les deux médecins condamnent l'usage démesuré de soutiens psychologiques – « jusqu'aux automobilistes bloqués par la neige ! ». Ils évoquent, pêle-mêle, le « syndrome de la cellule d'urgence », la « fashion victime » dont la France est frappée, la confusion des états de « blessé et de victime », une « psychiatrisation de la tristesse » – « à quand la psychiatrisation du premier chagrin d'amour ? » –, finalement cette même infantilisation que vous déplorez. Reste que la première des

1. Hélène Romano et Boris Cyrulnik, *Je suis victime ; l'incroyable exploitation du trauma*, Savigny-sur-Orge, Philippe Duval, 2015.

conditions pavant le processus résilient est, pour la victime, d'être reconnue – et particulièrement par l'institution représentant la société – dans son drame, et donc dans son statut de victime. Et pour cela, la condamnation « fait » justification. Finalement, très fine semble être la ligne de démarcation entre la nécessaire, juste et utile reconnaissance des victimes, et l'excessive victimisation orchestrée par la société et relayée par l'institution judiciaire...

Éric Dupond-Moretti. – Qu'au cours du procès pénal une victime puisse exprimer sa souffrance, c'est *la moindre des choses*. Que l'institution judiciaire soit extrêmement attentive à la souffrance de la victime, c'est aussi *la moindre des choses*. Qu'à l'aune des preuves de culpabilité rapportées, une reconnaissance de cette dernière soit énoncée, c'est une fois encore *la moindre des choses*. Mais que la victime devienne le personnage central, et finalement l'arbitre du procès pénal – jusqu'à solliciter son opinion sur l'exécution des peines –, constitue une erreur et une dérive lourdes.

Chez les victimes, l'apaisement est rare, le pardon l'est encore plus, et donc à leurs yeux – et c'est compréhensible –, l'artisan de leur malheur n'est (presque) jamais suffisamment condamné. L'une des missions de la justice est justement d'accompagner ces victimes vers l'apaisement, vers la cautérisation des plaies pour permettre au travail de reconstruction d'être engagé. Or à quoi assiste-t-on régulièrement, et là encore le procès d'Outreau en est une déplorable démonstration ? Au réveil, à intervalles réguliers, de traumatismes terribles que l'institution fait le choix de réenflammer chez ceux-là mêmes qui ont entrepris, souvent avec succès, de panser les douleurs et de se remettre debout au prix d'un complexe et tortueux cheminement personnel. À l'aune de ces enfants Delay victimes de viols atroces et réexposés dix ans plus tard, et publiquement, à de funestes souvenirs qu'ils étaient patiemment parvenus à enfouir, la justice ne s'égare-t-elle pas, et même n'instrumentalise-t-elle pas au nom des droits des victimes ? Aucun drame n'est mesurable à un autre, aucune victime n'est comparable à une autre : or à l'ère de la victimisation, la douleur émotionnelle fait plus souvent l'objet d'une aggravation que d'une réparation.

Le juge est, par définition, à équidistance entre la parole des accusés et celle des accusateurs. Or, le contexte sociétal vide peu à peu le procès pénal de ce qui fait son âme : juger des accusés, cela au profit d'une considération excessive de la cause des victimes, à laquelle le lieu ne se prête pas. La confusion des genres provoque la perversion de l'institution elle-même. Et au plus haut niveau politique. Ainsi Ségolène Royal, « encouragée » par la pression publique et les associations de victimes, n'avait-elle pas suggéré l'inversion de la charge de la preuve, et, donc, que la présomption de culpabilité s'impose à celle d'innocence ? Imagine-t-on une justice qui dicte à l'accusé de faire la preuve de son innocence ?

Denis Lafay. – Le pardon constitue une composante majeure d'un procès aux assises, et la justice porte la mission, au travers du verdict mais aussi de la tenue des débats, de favoriser l'apaisement des victimes. Dans le contexte sociétal dur, manichéen, hypercompétitif et individualiste, apparaît-il singulièrement difficile d'accorder le pardon ? Si le malheur frappait l'un de vos proches ou vous-même, quel comportement, quelle tactique, quel discours attendriez-vous d'un président d'assises et de votre avocat pour qu'ils vous conduisent vers le pardon ?

Éric Dupond-Moretti. – Les conditions de pardonner se sont-elles écaillées ? Je l'ignore. Ce qui est intangible, en revanche, c'est que le fondement de la justice est de confisquer aux victimes le droit à la vengeance. Et le rapport au pardon, la capacité de pardonner, relèvent d'une sensibilité et d'un cheminement extrêmement personnels. J'ai assisté à des scènes d'une tension et d'une émotion extraordinaires, de véritables leçons de vie au cours desquelles tombait un pardon formidablement réparateur et annonciateur d'une reconstruction. Y serais-je disposé si j'étais frappé par le malheur d'un crime et que je me retrouve les yeux dans les yeux avec le meurtrier ou l'assassin ? Serais-je *incroyablement vertueux et exemplaire*, serais-je *incroyablement lâche* ? Je l'ignore, et d'ailleurs ce mystère constitue l'un des grands enseignements du métier d'avocat pénaliste. Le corridor qui mène de la théorie aux actes est plus ou moins limpide, tortueux, trompeur, surprenant, obstrué.

Et si j'étais né en 17 à Leidenstadt,
Sur les ruines d'un champ de bataille,
Aurais-je été meilleur ou pire que ces gens,
Si j'avais été allemand ?

Cette si belle chanson de Jean-Jacques Goldman[1] résonne singulièrement au fond de moi, car elle pose l'interrogation, majeure et même capitale, de ce que l'on est capable de *faire* ou de *renoncer à*

_____

1. Jean-Jacques Goldman, *Né en 17 à Leidenstadt*, 1990.

faire lorsque la liberté et l'humanité – les siennes et surtout celles des autres – sont en péril.

Et d'ailleurs, je fustige le comportement de tous ceux – en premier lieu *mes* confrères avocats et *vos* confrères journalistes – qui n'usent pas suffisamment de la liberté presque illimitée qui leur est conférée. C'est même un crime. Surtout que nous n'avons aucun mérite. À cette militante tunisienne des droits de l'homme venue me féliciter pour une plaidoirie qu'elle jugeait audacieuse, je répliquai : « Mais n'inversez pas les rôles ! Chacune de vos prises de parole est un acte de témérité que vous payez par la répression et même l'emprisonnement, c'est-à-dire par la *privation de la liberté* ; chacune de mes prises de parole consolide ma réputation, nourrit ma notoriété, c'est-à-dire *étend un peu plus mon champ de liberté*. De nous deux, qui est courageux ? Qui est exemplaire ? Qui est une leçon ? »

Denis Lafay. – « Tout fautif qu'il soit [ou plutôt, qu'il puisse être], l'accusé est l'un des nôtres », confia l'ancien magistrat François-Louis Coste[1]. L'acceptation, l'accomplissement de cet adage signifieraient-ils la quintessence de ce qui fait société et civilisation fraternelles ?

Éric Dupond-Moretti. – Absolument. Ce qui est fascinant dans notre métier, c'est que nous saisissons une réalité très fréquemment niée : la fragilité de tout être, la possibilité qu'une existence entière puisse basculer en quelques instants.

---

1. Delphine de Mallevo, « Le dernier réquisitoire d'un avocat général exemplaire », *Le Figaro*, 28 janvier 2011, [en ligne], URL : <http://www.lefigaro.fr/actualite-france/2011/06/27/01016-20110 627ARTFIG00736-le-dernier-requisitoire-d-un-avocat-general-exemplaire.php>.

Denis Lafay. – Que reste-t-il, au sein de la justice française, du *Dernier Jour d'un condamné* de Victor Hugo[1] ?

Éric Dupond-Moretti. – Que préfère-t-on bâtir : des écoles ou des prisons ? Malheureusement, ces dernières. L'idéal d'éveiller, de faire progresser et grandir, de rendre responsable, *in fine* d'éduquer le plus grand nombre de citoyens, est relégué derrière le double diktat de la sécurité et de l'immédiateté…

Denis Lafay. –… finalement le symptôme d'une civilisation pour partie déclinante intellectuellement et émotionnellement, abrutie par le consumérisme, la vacuité, le narcissisme, les compartimentations et les morcèlements de toutes sortes, le repli…

Éric Dupond-Moretti. – L'offre télévisuelle est une excellente démonstration de ce déclin. La téléréalité abêtit la pensée des enfants et conforte l'extrême pauvreté du vocabulaire et des expressions ; surtout, elle met en exergue, et même honore, l'élimination des faibles. Pas une seule émission de ce type n'est pas fondée sur ce principe, et ainsi sont imposées aux (jeunes) téléspectateurs une double dictature, une double règle simultanée et consubstantielle : *la loi du fort* et *le rejet du vulnérable*, la sacralisation des vainqueurs et l'ostracisation, d'ailleurs souvent humiliante, des perdants. Célébrer la « réussite » – professionnelle, humaine, etc. – est essentiel ; mais disqualifier et stigmatiser l'échec est délétère. Comment, dans de telles conditions, peut-on espérer faire vivre la solidarité et la fraternité ? Comment

---

1. Victor Hugo, *Le Dernier Jour d'un condamné*, Paris, Gosselin, 1829.

peut-on cultiver l'empathie et l'altruisme ? Comment peut-on « faire » société ?

Denis Lafay. – Parce que la population est devenue un acteur des grands débats judiciaires, et surtout des réflexions sur les dispositifs répressifs – éventail des peines, peines planchers, double peine, traitement des déviants sexuels et des récidivistes, remises en liberté conditionnelle… –, des formations politiques et de grands leaders l'instrumentalisent à des fins démagogiques. Au risque, accompli, que la *juridiction populaire* devienne *juridiction populiste*, et que le discrédit de l'institution judiciaire poursuive sa progression. Quels dégâts, peut-être encore invisibles, de tels comportements provoquent-ils à terme ?

Éric Dupond-Moretti. – La première des conséquences de ce phénomène bien réel est qu'il est de plus en plus difficile de convaincre le jury populaire que la répression n'est pas la seule solution. Et dans un pays dont un quart des votants est séduit par le Rassemblement national [Front national], c'est éminemment compliqué : comment en effet rendre une justice impartiale à l'endroit de Maghrébins dès lors que, statistiquement, 25 % des magistrats et des jurés soutiennent une formation politique xénophobe ?

La situation sociale des cités, la composition ethnique des banlieues, les stigmates de l'histoire récente de l'immigration, bouleversent la société et le fonctionnement de la justice ; même la langue judiciaire, c'est-à-dire le libellé des verdicts, n'est parfois pas comprise. Quelle est la réalité, même caricaturale ? Des populations que la France a fait venir de ses anciennes colonies et fait « trimer » comme des esclaves dans des emplois dont les autochtones ne voulaient pas, une ghettoïsation et une ségrégation aussi bien urbaines que sociales, l'abandon à un sort – en matière d'éducation, de culture, de maîtrise des connaissances, de formation et d'emploi – qui les condamne, le ressentiment des générations ultérieures vis-à-vis d'une nation qui les a abandonnées. Cette réalité, c'est aussi le juteux trafic de drogue qui décourage les derniers résistants de s'engager dans une vie professionnelle légale, l'emploi quotidien de kalachnikovs, les sifflets qui couvrent l'hymne national dans les stades de football, la radicalisation islamiste, la croisade des plus déterminés dans les rangs de Daesh… Certes, les cités ce n'est pas *que* ça, mais c'est *aussi* ça. Et comment tente-t-on d'y répondre ? En espérant les « karchériser », en voulant affecter deux statuts différents de « nationalité française » aux « Français de souche » et aux « binationaux », en décidant même de se débarrasser d'eux. Toutes sortes de signaux dont on ne mesure pas encore l'écho, mais dont l'onde de choc peut se révéler dévastatrice.

Denis Lafay. – La France n'est-elle définitivement plus le « pays des droits de l'homme » ?

Éric Dupond-Moretti. – La France est à l'origine des droits de l'homme, mais aujourd'hui elle n'est que l'exportatrice d'un grand idéal qu'elle a renoncé à mettre en œuvre sur son propre territoire. La Cour européenne sanctionne régulièrement les pratiques de notre institution, et c'est d'ailleurs à l'action de l'établissement strasbourgeois que l'on doit les seules avancées en matière de liberté publique. Conditions de garde à vue, comportement réactionnaire de la Cour de cassation, écoutes téléphoniques, secret professionnel des avocats – qu'un antisarkozysme primaire a cristallisé dans l'affaire des échanges personnels entre l'ancien président de la République et son avocat, alors qu'il s'agit là du véritable viol d'une relation en théorie totalement sanctuarisée, et donc d'un scandale absolu – : la France n'est définitivement plus le pays des droits de l'homme.

Denis Lafay. – C'est dans la détestation de la peine de mort, et notamment lorsqu'elle fut prononcée contre Christian Ranucci, qu'a germé votre vocation d'avocat. La « radicalisation des esprits » contamine bien au-delà de l'électorat français : de la Pologne à la Hongrie, de la Belgique à l'Autriche, jusqu'en Italie... et même dans « le » pays qu'on croyait pour toujours ou au moins pour longtemps épargné par le spectre : l'Allemagne, qui a propulsé à l'automne 2017 le parti d'extrême droite Alternative für Deutschland (Afd) au troisième rang des formations du Bundestag. Et que dire de l'Amérique de Trump... Dans un contexte politique à ce point intoxiqué par le populisme, dans un cadre de démocratie représentative si discrédité et infecté par la pulsion et la pression populaires, peut-on encore affirmer que la peine de mort est irréversiblement abolie ?

Éric Dupond-Moretti. – La peine de mort n'était plus un sujet. Elle redevient un sujet, en France notamment au sein du Rassemblement national. L'idée que le progrès judiciaire consisterait en une aggravation des peines allant jusqu'au rétablissement de la peine de mort n'est pas éteinte. Bien au contraire, elle semble trouver une certaine résonance – le contexte terroriste n'y est bien sûr pas étranger –, comme si un tel durcissement pouvait garantir la rémission du crime. Penser ainsi est hérétique, et est signe d'une régression qui sédimente dans toute la société, quels qu'en soient les strates sociales, les origines religieuses, les secteurs professionnels.

Souvenons-nous, en avril 2018, de cette implacable enquête révélée dans *Le Monde* et réalisée par les sociologues Anne Muxel et Olivier Galland auprès de 7 000 lycéens âgés de 14 à 16 ans.

Que révélait-elle ?

Un quart des lycéens interrogés ne condamnent pas totalement les attentats contre *Charlie Hebdo* et au Bataclan, 80 % considèrent qu'on ne peut pas se moquer des religions, 68 % pensent que les médias n'ont pas dit toute la vérité sur les attentats de 2015, un tiers pense qu'il est « *acceptable dans certains cas de participer à une action violente pour défendre ses idées* »[1]...

La « tentation radicale » chez les jeunes est-elle contestable ? « L'adhésion à l'absolutisme religieux, à la violence religieuse, à la radicalité politique en opinion ou en acte, et à une nouvelle forme de *radicalité informationnelle* » est-elle une vue de l'esprit chez ceux qui sont sensibles aux théories du complot ? Je ne suis pas lecteur de *Charlie Hebdo*, je ne suis pas sensible à l'humour qui y est développé, et même je le trouve parfois irrespectueux. Choquer délibérément n'est pas utile. Mais le droit au blasphème existe. Il existe, et il est un vrai droit. L'un des enseignements de cette vaste étude

---

1. Anne Muxel et Olivier Galland, « L'inquiétante radicalité d'une minorité de jeunes », *Le Monde*, 2 avril 2018, [en ligne], URL : <https://www.lemonde.fr/idees/article/2018/04/03/l-inquietante-radicalite-des-jeunes-musulmans_5279751_3232.html>.

sociologique, c'est qu'une partie élevée des jeunes abdiquent cette liberté du blasphème, selon une interprétation que l'on peut résumer ainsi : « Les victimes de *Charlie Hebdo* ne méritaient sans doute pas d'être ainsi massacrées, mais elles l'ont quand même un peu cherché »... En d'autres termes, autour du fait religieux s'impose l'idée d'une échelle, d'une hiérarchie des victimes, selon qu'elles seraient totalement innocentes ou qu'elles auraient participé à provoquer leur drame. Cela crée une confusion et provoque des réactions en chaîne qui, au bout, réveillent la question, ultime, de la peine de mort. Car après tout, si l'on distingue les victimes, si l'on classe les causes des massacres, pourquoi ne pas pousser le raisonnement à l'extrême, et alors considérer que certains de ces massacres légitiment la peine de mort ?

Surtout que cette étude a été publiée concomitamment à une autre, en apparence totalement distincte, mais qui renforce l'inquiétude qu'il faut porter sur les dispositions de l'opinion publique à l'égard des délinquants. Réalisée par la Fondation Jean-Jaurès en partenariat avec l'Ifop[1], elle révèle que les Français réclament à la fois des peines plus sévères et des moyens plus faibles pour les prisons. La moitié d'entre eux estiment que les détenus bénéficient de « trop bonnes conditions de détention » ; en 2000, une étude comparable conduite par l'Institut CSA pour *Libération* limitait cette proportion à 18 %... Pour 49 % des Français, la prison doit avant tout « priver de liberté », 45 % d'entre eux jugent qu'elle doit prioritairement préparer la réinsertion des détenus dans la société, 37 % soutiennent l'idée d'offrir

---

1. Chloé Morin et Adrien Taquet, « Les Français et la prison », *Fondation Jean-Jaurès*, 9 avril 2018, [en ligne], URL : <https://jean-jaures.org/nos-productions/les-francais-et-la-prison>.

un droit de visite plus large aux détenus ; à ces trois items, en 2000, ils étaient respectivement 21 %, 72 % et 77 %… Et l'interprétation est d'autant plus vertigineuse qu'une majorité desdits Français sont parfaitement informés de la dégradation des conditions de détention et notamment de la surpopulation carcérale (d'après l'Observatoire international des prisons, au 1er janvier 2018, 68 974 prisonniers se partageaient 59 765 places). Dans l'indifférence générale, Nino Ferrara[1] fut enfermé pendant sept ans à l'isolement, sans même l'autorisation une seule fois de toucher la main de sa mère ; dans l'indifférence générale les détenus sont entassés dans des cellules de cinq mètres carrés, dans une proximité insupportable. Oui, dans l'indifférence générale. S'il s'était agi de bonobos, que n'aurait-on pas entendu dans la rue, les médias, les réseaux sociaux ! Bref, tout concourt à être fortement préoccupé sur le sort qu'une partie de la population veut réserver aux détenus. Certes, à ce jour la mise en œuvre des pires hypothèses est bloquée par des textes de loi, français et européens, drastiques, et *a priori* inviolables. Nous sommes liés par des traités internationaux qui ont une valeur supérieure à notre Constitution. Mais que se passerait-il si, dans un phénomène domino d'une grande ampleur, certaines digues politiques, puis législatives, voire constitutionnelles, venaient à céder sous une pression populaire contaminant la classe politique et l'ensemble des pays européens ? Rien ne doit être irréversiblement écarté.

Denis Lafay. – Viktor Orbán, le Premier ministre hongrois triomphalement réélu en 2018, a officiellement

---

1. Antonio Ferrera est arrêté en 2003, après quatre ans de cavale, et condamné pour trois braquages. Éric Dupond-Moretti obtient son acquittement en appel.

estimé que « le sujet de la peine de mort [abolie dans le pays depuis 1990] devait être remis à l'ordre du jour ». L'hypothèse n'est pas vraisemblable, mais elle cristallise bel et bien une évolution des mentalités en Europe et en France, qui trouvent leur support au sein de ces formations politiques nationalistes, racistes, anti-européennes, sécessionnistes, de plus en plus populaires. À quelles conditions la société civile, les institutions de l'État, les organisations intermédiaires, les médias, les différents corps de la justice, peuvent-ils encore opposer un rempart à la surenchère populiste ?

Éric Dupond-Moretti. – L'absolue disproportion des premières condamnations « post-*Charlie Hebdo* » avait illustré la force de frappe de cette pression populiste invisible, exercée conjointement par une partie de la population et de la classe politique : jusqu'à un an ferme pour quelques secondes de délire sur les réseaux sociaux ! La justice est devenue folle, et finalement masque, et même muselle, le fond du sujet : pourquoi un jeune de vingt ans préfère-t-il partir mourir en Syrie que vivre dans son pays ?

De *vrais* intellectuels à la tête du pays, une *vraie* politique culturelle, une *vraie* stratégie d'éducation qui réhabilite l'emploi pour tous de cette langue française qui véhicule la pensée et fait lien dans la société, sinon l'éradication au moins la maîtrise de la dictature des émissions télévisées, des réseaux sociaux, des smartphones, tablettes et autres jeux vidéo qui abrutit la jeunesse et la vide d'esprit critique et autonome. Je prends le droit de rêver...

Incontestablement, le contexte est au durcissement. Même une partie des journalistes aiment ici à stigmatiser un jugement laxiste, là à clore un reportage sur les déclarations d'une mère de famille en larmes fustigeant la légèreté du verdict. Mais l'opinion publique est très versatile. Et l'incroyable affaire d'Outreau, qui fit d'innocents individus d'innommables « bêtes », a modifié – au moins momentanément – le regard qu'une partie de l'opinion publique et des journalistes porte sur la justice.

Chapitre 5

Sa conception et son exercice
de la justice sont davantage
qu'une lecture de lui-même :
ils font miroir de notre propre humanité

Denis Lafay. – En définitive, qu'est-ce qu'un « bon verdict » ? Est-ce celui qui reflète le mieux les faits tels qu'ils ont été démontrés, ou est-ce celui qui comprime au maximum la peine pour le client ?

Éric Dupond-Moretti. – Tout avocat aspire *pour son client* à obtenir la peine la plus légère, bien sûr. *Pour lui-même*, elle peut être la traduction de « l'efficacité » de son travail. *Plus* elle s'affiche en deçà des réquisitions prononcées par le parquet, *plus* elle est gratifiante. Il s'agit là d'une sorte de règle arithmétique évidente, selon laquelle la satisfaction croît proportionnellement à l'ampleur de l'écart obtenu par rapport au réquisitoire. Au-delà, qu'est-ce qu'un « bon » verdict – sachant que, par définition, tout verdict « enferme » ceux qu'il concerne ? C'est celui qui est *accepté*. *Accepté*, parce que l'accusé et les parties civiles partagent le même sentiment d'avoir été « écoutés ». Et il reflète le serment des jurés : ne trahir ni les intérêts de l'accusé, ni les intérêts de la victime – devenue telle après que la condamnation a modifié le statut de plaignant –, ni les intérêts de la société.

Denis Lafay. – Lorsque l'acquittement d'un accusé objectivement coupable est obtenu grâce à un travail technique sur la procédure, quelle est, aux yeux de l'avocat et de la justice, la nature de cette victoire ? La victoire technique que constitue la remise en liberté d'un accusé « très probablement » voire « presque factuellement » coupable peut-elle être, simultanément, défaite morale et renoncement éthique ? En d'autres termes, la victoire de l'*avocat* peut-elle croiser le malaise de l'*homme* ?

Éric Dupond-Moretti. – Formulation très douteuse, et même ambiguë. Quand il y a « preuve de culpabilité », il ne peut pas y avoir acquittement. L'acquittement ne peut intervenir, justement, que lorsque la culpabilité est « subjectivement pressentie ». On *pense* que l'accusé est le coupable, on *subodore* que c'est lui, on *imagine* volontiers que c'est lui, parfois on *aimerait* tant que ce soit lui, souvent parce qu'on n'en voit pas un autre. Mais on n'a pas la preuve. Alors, obtenir l'acquittement est une victoire, en premier lieu pour la justice.

Lorsqu'un vice de procédure est repéré et démontré, la mise en liberté de l'accusé correspond alors à un anéantissement ou à une annulation des poursuites. C'est une victoire technique. La procédure est un garde-fou, elle est sœur jumelle de la liberté, elle est un rempart contre l'arbitraire. Le corollaire de cette règle est que parfois, et on ne peut que s'en féliciter, quelqu'un passe au travers des mailles. Où place-t-on le curseur de l'acceptable ? Prenons l'exemple des radars. Pour que soit validée une procédure de suspension de points de permis de conduire, le radar doit avoir fait l'objet de contrôles réguliers ; en cas contraire, sa fiabilité est considérée comme contestable, non avérée, et donc nulle conséquence judiciaire ne peut être tirée. Le conducteur qui va bénéficier de cette règle a peut-être dépassé la vitesse prescrite par la loi, mais peu importe : la supposée possible défaillance technique signifie qu'il est exempt de toute condamnation. Au café du Commerce – ma référence suprême –, cette règle est parfaitement admise. Que demande le client à son avocat ? De trouver tous les moyens, quels qu'ils soient tant qu'ils sont légaux, de le soulager d'une peine. Y compris par la voie de l'annulation. En revanche, bien sûr, ce qui est *communément toléré* et même souhaité devient *communément contesté*, voire blâmé, dans le cadre de délits plus graves : assassinats, meurtres, viols, incestes, etc. Obtenir l'annulation de procédure pour un auteur « fortement présumé » de crime suscitera la réprobation de l'opinion publique. La question doit être de nouveau posée : où place-t-on le curseur ? Là où ladite opinion publique le désigne ? « Je veux bien échapper au retrait de mes points de permis, je suis indigné à l'idée qu'un possible pédophile soit mis en liberté » : voilà ce qui agite la conscience des gens. Et qui n'appelle aucun arbitrage rationnel.

Les législateurs se sont employés, depuis plusieurs années, à réduire sensiblement les causes de nullité et les moyens de l'obtenir. Reste une exigence : la procédure est destinée à garantir contre l'arbitraire, quelle que soit l'envergure de l'infraction. On ne peut pas distinguer *raisonnablement* l'« acceptable » de l'« inacceptable ». Et même, suis-je tenté d'affirmer : plus l'infraction est grave, plus la procédure doit être assortie de garanties contre l'arbitraire.

Denis Lafay. – Dans un tel procès que celui d'Abdelkader Merah dont l'environnement – terrorisme aveugle, idéologie destructrice des libertés, attentats djihadistes, douleur des familles des victimes – à ce point violenta votre conscience, était-il toujours aisé de trouver la *force intérieure* d'assurer à la *force de la preuve* de s'imposer sur la *force de l'éthique* et sur *la force de la morale* ?

Éric Dupond-Moretti. – J'ai défendu des personnes dans des affaires de braquage, de délit financier, de terrorisme, de meurtre, de viol. Or menacer d'une arme, perpétrer un attentat, ôter ou salir la vie sont bien sûr contraires à mes valeurs. Mais je suis avocat. Et être avocat, c'est fonctionner en permanence dans la dichotomie entre deux mécanismes : *ce que l'on peut penser d'un crime* et *ce que l'on doit analyser, objectivement, comme preuve*. Ce rempart ainsi érigé, il n'est pas difficile de *défendre avec détermination* une personne qui adhère à des idées ou des actes que je *méprise avec force*.

Denis Lafay. – Une absolue étanchéité entre le droit et *la* morale – ou plutôt *votre* morale – : c'est dans cette règle, *a priori* inaltérable, que vous fondez l'exercice du métier d'avocat pénaliste et justifiez votre disposition à défendre l'abomination, c'est-à-dire ce que *la* morale (collective) peut considérer comme indéfendable. Or l'avocat et l'homme que vous êtes ne peuvent systématiquement cohabiter à distance, le disciple du droit ne peut pas toujours mettre l'homme, le père de famille, le citoyen, l'humaniste, à l'écart. Quel substrat personnel, peut-être spirituel, vous permet-il de cheminer – plus ou moins – harmonieusement ?

Éric Dupond-Moretti. – Le droit constitue une unicité indiscutable. De manière tout aussi incontestable, la morale ne l'est pas. Le dossier typique par excellence, c'est « l'affaire du Carlton » : les citoyens étaient divisés, d'aucuns se sont déchaînés contre Dominique Strauss-Kahn parce que ses pratiques sexuelles, qui pourtant n'appartiennent qu'à lui, heurtaient les référentiels de leur morale ; or, comme l'ont démontré le déroulement de la procédure et la relaxe de l'intéressé, pénalement le dossier était totalement vide. Lorsque le juge indique que l'accusé ne pouvait ignorer que les rapports étaient tarifés *puisqu'ils* étaient de nature sodomique, il recourt à un argument moral absolument inapproprié – et qui d'ailleurs en dit plus long sur sa propre sexualité ! En l'occurrence, l'emprise morale s'est substituée à la seule règle qui vaille : le droit, et a déclenché une spirale manipulatrice, finalement à l'image d'une société dangereusement puritaine, hygiéniste, uniforme, réfractaire aux aspérités.

Je refuse de teinter mon travail de la moindre morale, y compris parce que les justiciables que je défends sont, malgré eux, confrontés à des enquêteurs et à des magistrats qui vont *porter sur eux* et *colorer leur action* d'un jugement moral. Je ne suis pas le directeur de conscience de mes clients, et, d'ailleurs, je les laisse seuls à leur travail de conscience ; je respecte leur vérité, c'est-à-dire celle qu'ils me livrent, que je délimite d'une seule exigence : sa crédibilité. Mais jamais je ne passe cette vérité au tamis des référentiels de ma morale, jamais professionnellement je ne la juge à leur aune. Ce qui ne m'empêche pas, mais cela en ma seule qualité d'homme, d'éprouver une opinion – que jamais je n'exprime. L'homme et l'avocat ne sont pas imperméables l'un à l'autre, sinon cela relèverait d'une folle schizophrénie.

Denis Lafay. – Certes, mais au nom de cette dicho-tomie, l'homme peut peiner à partager le bonheur du triomphe de l'avocat qui a obtenu l'acquittement d'un justiciable qu'il sait coupable – une situation qui depuis la naissance même de votre métier conti-nue d'intriguer les profanes. Et la morale peut par-fois permettre d'humaniser le droit et de donner de l'épaisseur aux décisions. Vous avez pour responsabi-lité d'obtenir non pas *la plus juste* peine mais *la plus faible* peine pour les accusés que vous défendez. Fina-lement, une décision *moralement juste* ne doit-elle pas être préférée à une décision *moralement injuste* et *juridiquement juste* (acquittement ou remise en liberté, pour vice de procédure, de condamnés) ? Qu'est-ce qu'une « justice juste », dès lors que ce qui est *justice* et *juste* pour l'individu et/ou aux yeux du droit ne l'est pas forcément pour la société ?

Éric Dupond-Moretti. – Dans notre système judi-ciaire, il faut apporter la preuve d'une culpabilité avant de condamner. C'est un fondement consti-tutionnel, et tout avocat, pénaliste ou non, œuvre dans ce sens. Que de temps en temps un coupable échappe aux mailles du filet judiciaire, je m'en féli-cite, car cela signifie que le doute a profité au jus-ticiable acquitté.

Cette question, bien sûr fondamentale, sur la « juste justice » et sur l'appréciation – morale ou non – des avocats qui obtiennent l'acquittement de coupables demeure depuis la nuit des temps au centre des préoccupations des non-initiés. Et cela dans l'une des plus grandes et anciennes démocraties du monde… Cela signifie que le rôle et la mission des avocats ne sont toujours pas compris ou simple-ment admis. Les Français détestent les avocats, mais cajolent le leur… J'aime rappeler aux jurés, tentés par la crainte aussi révérencielle qu'obséquieuse à l'égard de l'avocat général, que ce n'est pas dans la chaleureuse douceur de son hermine qu'ils trouveront l'écoute et l'appui nécessaires si un jour ils sont convoqués de l'autre côté de la barre...

Denis Lafay. – « J'essaye de toucher les jurés à la tête et au cœur. » Votre parcours de vie extrêmement bigarré – une mère femme de ménage, une multitude de métiers pratiqués avant d'être avocat : de fossoyeur à maçon, de serveur à ouvrier – vous a doté d'une empathie toute particulière et décisive pour comprendre la psychologie, les « tripes », le vécu non seulement de vos clients, mais aussi des jurés. Quelles limites éthiques fixez-vous au « travail de séduction » que vous exercez auprès de ces derniers ?

Éric Dupond-Moretti. – C'est tellement bon de séduire... La séduction est nourricière de l'égotisme, elle participe de la constitution même de l'avocat et du plaisir de plaider, et les seules limites à son emploi sont déontologiques. Pour réussir sa démarche séductrice, il faut *comprendre* celui que l'on séduit, « comprendre » signifiant déchiffrer les ressorts, anticiper les réactions possibles, deviner les mécanismes de conscience, cerner le terreau culturel. Et à ce titre, la variété de mon parcours de vie constitue indéniablement une force pour savoir *m'adresser à* et *me faire comprendre de* ces jurés par définition issus de trajectoires personnelles et professionnelles elles-mêmes plurielles.

Je suis devenu un bourgeois, mais chaque justiciable et chaque juré saisissent une réalité : je *suis* tout entier la succession des *faits de vie* qui m'ont façonné depuis cinquante-sept ans, et je n'ai absolument rien oublié ni rien écarté des *expériences de vie* si multiples et accomplies dans des conditions, des lieux, des circonstances eux-mêmes si hétéroclites. Ils cisèlent la sincérité et l'authenticité de mon engagement. Et font qu'avec ce jury dit « populaire » – que j'affectionne cette qualification ! car elle assure aux citoyens, étrangers à l'institution judiciaire, de la voir fonctionner et d'y participer en toute indépendance – je peux établir un dialogue de confiance. Cette confiance constitue d'ailleurs la ligne de démarcation entre *séduction* et *prestidigitation*. Et elle a pour rempart protecteur ce qui particularise en premier lieu la contribution des jurés, eux qui ne sont pas des juristes professionnels : le bon sens. On ne les trompe pas, on ne les instrumentalise pas, ils voient… juste. Pour autant, aucun avocat ne peut ignorer le célèbre propos de Victor Hugo : « Souvent, la foule trahit le peuple. »

Denis Lafay. – Obtenir l'acquittement constitue un objectif qui peut être supérieur au strict respect de l'éthique. Quel traitement éthique faites-vous de l'honnêteté et du mensonge ?

Éric Dupond-Moretti. – Les jurés peuvent très bien acquitter un accusé sans considérer que l'accusateur est un menteur. En réalité, une simple parole n'est pas forcément une parole suffisante pour condamner quelqu'un, et cela ne signifie nullement que l'on piétine la parole de la victime. Ce mécanisme du doute, fondateur dans l'institution judiciaire, trop d'avocats de la partie civile ne l'expliquent pas à leurs clients, et ainsi participent à une méconnaissance, à une mésinterprétation, et donc à une incompréhension et à un dépit absolus lorsque survient une peine que ces clients vont juger incohérente avec le drame qu'ils ont subi. La dimension pédagogique de la mission de l'avocat est trop souvent négligée, et expose donc les victimes, plongées dans un monde judiciaire qu'elles découvrent brutalement et dont elles ignorent le fonctionnement, à d'importants traumatismes en cas d'acquittement.

Denis Lafay. – *Excessivement* répressive, *excessivement* victimaire : ainsi auscultez-vous l'état de la justice. Est-elle, surtout, *insuffisamment* humaine ?

Éric Dupond-Moretti. – Oui. Le cœur des juges est acquis aux victimes, et tout naturellement une mère qui pleure la disparition de son fils capte la compassion de la cour. Cette disposition bienveillante, tout aussi naturellement, échappe aux accusés, qui sont là pour expier. Aujourd'hui, dans les tribunaux d'assises, évoluent des avocats de la partie civile qui tirent profit des injonctions de la société et outrepassent leurs prérogatives : ils empiètent sur le territoire de l'avocat général, requièrent des peines, n'informent pas leurs clients sur le fonctionnement de la justice, instrumentalisent les arguments de leurs adversaires à des fins nauséabondes – ainsi, lorsque la demande d'acquittement est interprétée comme la remise en cause de la parole des victimes...

Denis Lafay. – L'inhumanité de certains actes autorise-t-elle toujours la possibilité de jugements empreints d'humanité ?

Éric Dupond-Moretti. – Un violeur et assassin d'enfant écopera presque toujours de la peine maximale. Au démarrage de certains procès, la décision finale est déjà connue. Peut-on d'ailleurs souhaiter un verdict clément pour un homme se mettant au ban de l'humanité ? Il existe des seuils d'horreur qui ne peuvent convoquer, faire accepter et traduire judiciairement aucune circonstance atténuante, même s'il y en a. Pour autant, cela n'exonère nullement de paver le déroulement des audiences d'une dignité, d'une humanité certaines. Quoi qu'il ait pu perpétrer, l'accusé doit être considéré humainement ; le rythme et le cérémonial judiciaires doivent respecter sa défense, et la bonne tenue d'un procès *a priori* passionné non seulement sert la cause des victimes et peut inviter le criminel à un travail d'introspection, mais aussi a valeur pédagogique pour tous ceux, magistrats, policiers, avocats, public, mobilisés.

Denis Lafay. – La société a pour responsabilité, pour devoir, de montrer l'exemple. Elle ne peut pas aspirer à l'humanité si elle n'est pas exemplaire à l'égard de ceux que l'ignominie des actes frappe d'inhumanité. Votre propre part d'humanité s'est-elle toujours accommodée de la part d'inhumanité de vos clients ?

Éric Dupond-Moretti. – Ma part d'humanité me rappelle sans cesse que je suis le fruit de mon histoire. Et cette règle est bien sûr universelle. Certes, face à des prédispositions ou devant des alternatives vertueuses ou funestes, chacun dispose d'une *certaine* liberté de choisir. Et c'est bien sûr dans le contenu de l'adjectif indéfini que se niche une partie des mystères de ce que nous sommes, de ce que nous décidons de devenir. En l'occurrence, on ne devient pas un criminel par hasard, et l'exploration du cheminement personnel, intime, familial, social, ethnique, religieux de l'accusé « dit » souvent « un peu » ou « beaucoup » du drame qu'il a ourdi.

Ma part d'humanité s'exprime devant les victimes dévastées par le crime dont s'est rendu coupable celui que je défends. Elle s'exprime aussi à l'écoute des remords, des regrets sincères qu'il peut manifester… Mais en aucun cas elle ne m'autorise à ne pas considérer l'accusé comme un être humain. Quoi qu'il ait perpétré. Le regarder comme un monstre signerait la disparition de ma part d'humanité. Cette règle personnelle, j'aimerais tant qu'elle soit universelle…

Denis Lafay. – « L'humanité » figure dans le serment des avocats, elle est absente de celui des magistrats. Son inscription changerait-elle l'exercice de la justice, et notamment celui d'un certain nombre de présidents et d'avocats généraux ?

Éric Dupond-Moretti. – Dans le serment de l'avocat, des mots sont « de trop » – comme la « délicatesse », qui doit dicter l'exercice du métier et à laquelle, à titre personnel, je m'oppose dès lors qu'elle est officiellement distinguée du devoir, essentiel, de probité ; dans celui de magistrat, certains manquent. Il est effectivement stupéfiant que l'humanité soit absente des conditions de pratique. Son inscription ne changerait guère le fonctionnement de la justice, mais tout rappel des fondamentaux est, sinon précieux et déterminant, au moins utile.

Denis Lafay. – Face à la tyrannie moralisatrice, à la propagation populaire et électorale de l'idéologie ségrégationniste, isolationniste et xénophobe, au renoncement aux libertés, vous sentez-vous dans la peau d'un résistant ?

Éric Dupond-Moretti. – Mon action est en premier lieu judiciaire. Je m'emploie simplement à occuper l'espace de liberté qui m'est offert, mais ne me sens pas investi d'une responsabilité qui dépasserait le périmètre alloué par l'exercice de ma profession. Je ne dilue pas mes réflexions et mes contributions dans des domaines que je ne maîtrise pas. Pour autant, exploiter et faire honneur à cet espace de liberté, c'est aussi « dire » et « dénoncer » ce qui, parmi les défaillances ou les enjeux de l'appareil judiciaire, tour à tour interroge et reflète le fonctionnement ou les ressorts de la société. Une société rongée par les normes, ramollie par une pensée unique extrêmement invalidante, aveuglée par le politiquement correct, contaminée par le repli sur soi, la peur des autres et l'égoïsme. Si j'ai pu participer à libérer la langue judiciaire…

Denis Lafay. – À l'aune de ces démonstrations, votre confrère Gilbert Collard, député apparenté Rassemblement national, incarne-t-il un oxymore ? Un avocat pénaliste peut-il épouser une telle idéologie ?

Éric Dupond-Moretti. – Inénarrable Collard, dont les engagements politiques épousent le sens des opportunismes les plus contradictoires… Socialiste dans une section des Baumettes qui n'existe pas, radical à Vichy, mariniste sans être frontiste, et désormais pilier d'une formation qui réclame le rétablissement de la peine de mort ! « Être dans le vent, c'est avoir un destin de feuille morte » : cette citation du philosophe Jean Guitton le décrit parfaitement. Il y a bien longtemps qu'il n'est plus pénaliste, et il n'est aucunement de cet esprit « résistant » commun à nombre de mes confrères.

Un avocat pénaliste peut-il être « facho » ? Cela constitue, selon mon échelle de valeurs, un écart insupportable. Mais ai-je le droit de juger de la sorte ? Et après tout, une certaine extrême droite – celle dite de Brasillach – n'est-elle pas empreinte d'une grande culture, ne nourrit-elle pas d'importantes réflexions, et ainsi ne « peut-elle » pas produire de « vrais » avocats pénalistes ? Jacques Isorni, Jean-Louis Tixier-Vignancour ou encore Henri-René Garaud – qui défendit Christine Villemin, Simone Weber, Gilles Burgos, les agresseurs de Malik Oussekine, mais aussi cofonda en 1978 le mouvement Légitime Défense qui prônait la peine de mort – en sont l'illustration.

Denis Lafay. – Votre vocation a également pris racine dans une révolte intime contre l'injustice qui avait frappé la mort de votre grand-père – décédé dans de troubles conditions jamais élucidées. En trente-quatre années d'exercice de votre métier, dont l'objet même est d'être confronté aux injustices, comment observez-vous l'évolution de ces dernières ?

Éric Dupond-Moretti. – Spontanément, je constate que « ça cogne » de plus en plus fort, de plus en plus lourdement. L'agressivité est partout, elle ruisselle abondamment, parfois aussi imperceptiblement, et c'est ainsi que la société m'apparaît électrique, prisonnière d'une tension élevée et de replis dangereux. Est-ce lié à une dégradation des injustices ? Ce n'est pas évident. Certes, des injustices sont perçues comme étant corrélées à une supposée altération de la société, qui ghettoïse, marchandise, hiérarchise, marginalise, exclut. Mais l'injustice n'a pas attendu le XXIe siècle pour s'exprimer ! L'affaire Dreyfus n'est-elle pas le comble de l'injustice ? Et avec l'innommable déportation des Juifs perpétrée par les nazis, n'a-t-on pas connu bien pire ? Ces familles raflées et envoyées dans les camps de la mort pour la seule « raison » de leur appartenance à une religion, ces hommes et ces femmes exterminés « parce qu'ils » étaient homosexuels, tziganes ou communistes, n'incarnent-ils pas l'injustice dans ce qu'elle a de plus incompréhensible, de plus barbare, de plus indicible ? L'injustice sociale est une réalité contemporaine qu'il ne s'agit pas de nier ; il ne faut pas non plus en faire exagérément un fardeau ou la cause et la justification de « tout ». Il est utile, enfin, de la mesurer à ce qu'elle était autrefois pour en relativiser la portée ; les mineurs, les ouvriers, les pauvres du début du XXe siècle, étaient-ils mieux lotis que les prolétaires de notre époque ?

Denis Lafay. – Avec l'avènement d'Emmanuel Macron s'est imposé l'effacement des traditionnels segmentations idéologiques et clivages partisans. Parce que aussi il correspond à une transformation – momentanée ou de fond, l'avenir le dira – sociologique et intellectuelle au sein de la société, le « ni droite ni gauche » domine désormais sur l'échiquier politique. En est-il de même dans l'univers de la magistrature, culturellement très marqué par ces compartimentations ? Les consciences, les conceptions de « droite » et de « gauche » de la justice sont-elles appelées à être marginalisées ?

Éric Dupond-Moretti. – L'éventail des magistrats et des avocats auxquels je me suis confronté pendant ma carrière m'a appris qu'il fallait considérer ce sujet avec énormément de précaution. Et de lucidité. L'incohérence entre les discours et les actes, entre les revendications et les actes, est si criante… Combien de magistrats ou d'avocats dits de gauche s'approprient les valeurs les plus sublimes et se révèlent les plus tordus, les plus sévères, les plus méprisants ! Ceux-là se comportent avec tout autant de dureté, d'insensibilité voire d'inhumanité que leurs homologues « de droite » qu'ils vitupèrent volontiers en public ou au sein de leur syndicat, mais avec « en plus » la *certitude de l'arrogance*, celle de posséder des valeurs qui, soi-disant, échapperaient à leurs collègues « de l'autre bord ». Rien n'est plus insupportable. Je préfère la sentence de six mois de sursis prononcée par un juge « dit de droite » à celle de six mois ferme assénée par son *alter ego* « dit de gauche », donneur de leçons sur les valeurs de l'humanité qu'il aurait été le seul à intégrer ! « Vous n'avez pas le monopole du cœur ! » : Valéry Giscard d'Estaing avait eu bien raison de s'adresser en ces termes à François Mitterrand le 10 mai 1974, lors de leur débat télévisé. Là encore, tout cela est symptomatique de cette « bonne conscience » aujourd'hui tentaculaire et à l'origine de la dictature de la « bonne pensée ». Laquelle, en s'employant à culpabiliser et à ostraciser ceux qui s'en écartent, affecte gravement la santé de la société.

Mais heureusement, il existe des contre-exemples à cette réalité. La commission d'enquête parlementaire chargée de tirer les enseignements du procès Outreau était composite et très éclectique ; l'ensemble des propositions qu'elle édicta résulta d'un remarquable consensus. Preuve – parmi bien d'autres, heureusement – qu'un *élu de droite intelligent* peut coopérer avec *un élu de gauche intelligent* au profit de ce qui doit les dépasser et concentre la justification même de leur mandat : l'intérêt général. Le bien collectif. Le progrès de la société.

Cette double évocation me conforte dans mon appréciation du président de la République : il a réalisé un « coup de génie » dont la portée dépasse sa seule victoire. En rompant avec les postures politiciennes historiques, en normalisant les ponts pour ceux qui veulent se fédérer autour du bon sens, il a ringardisé ses adversaires et, au-delà, les professionnels de la politique recroquevillés dans leurs vieilles habitudes partisanes, dans le confort de leurs mandats cumulés, dans la langue de bois et le sectarisme idéologique. Quel formidable coup de balai ! Et cela doit pouvoir rejaillir sur la manière dont les citoyens envisagent non seulement la vocation de la politique, mais aussi la société, et donc leur propre manière de penser, de positionner leur conscience, d'articuler leurs raisonnements. Et d'agir.

Denis Lafay. – Existe-t-il une interprétation politique de la justice ? La manière dont « on » conçoit et exerce la justice a-t-elle une « incarnation politique », répond-elle à une orientation idéologique et à une conception de la société qui trouvent une concrétisation partisane dans les formations politiques ?

Éric Dupond-Moretti. – Face à l'alternative de l'ordre et de l'injustice, le professionnel politique et l'avocat adoptent des positions antagoniques ; le premier choisit l'ordre, le second combat l'injustice. L'avocat est un singulier citoyen, un singulier personnage, tout entier dans le doute des réalités – celui d'une date, d'une signature, d'une circonstance, d'un témoignage. Pour cette raison, j'éprouve beaucoup de difficultés à composer avec le pouvoir, notamment politique ; il m'apparaît compliqué d'être dans la « construction de quelque chose ». Je me sens avant tout anarchiste…

Denis Lafay. – ... et d'une sensibilité politique de gauche. La justice, tout comme l'éducation, la culture et l'économie, a longtemps distingué les offres intellectuelles des camps républicains de droite et de gauche. Mais est-ce toujours une réalité ?

Éric Dupond-Moretti. – La gauche me désole infiniment, justement parce qu'il n'existe pratiquement plus aucune différence entre les politiques judiciaires de gauche et de droite. En cause, un constat, partagé unanimement : le terreau sécuritaire est incroyablement fertile à l'approche de toute élection... et le discours populiste transcende les habituels clivages partisans.

Denis Lafay. – Mais personne ne peut toutefois nier que l'incivilité, la violence, et l'insécurité composent dorénavant une réalité bien différente d'il y a trente ans et à laquelle les dirigeants politiques ont le devoir de faire face. La « sécurité pour tous » est une composante fondamentale de toute société, de tout « vivre-ensemble »...

Éric Dupond-Moretti. – Certes, la criminalité est une réalité, mais qui est aussi « victime » d'un double phénomène : d'une part, l'insuffisante fiabilité des statistiques et l'interprétation, voire l'instrumentalisation, auxquelles elles se prêtent ; d'autre part, l'effet amplificateur, extraordinairement anxiogène, que produisent les médias, et particulièrement les chaînes d'information en continu. Désormais, via la télévision, l'internet et les réseaux sociaux, chaque crime commis « entre » dans nos foyers, et la surexposition comme la superposition de ces crimes donnent le sentiment qu'ils nous encerclent et peuvent nous frapper à tout instant.

Mais plus que les faits, il est essentiel de « lire » les manifestations de l'insécurité et d'en examiner l'origine pour comprendre les causes et, surtout, envisager les remèdes. Deux situations en particulier sont incontestables : des territoires ont été abandonnés par l'État et livrés à la criminalité, et, particulièrement dans ces cités, le niveau culturel, éducationnel et de connaissances moyen est devenu si affligeant qu'il hypothèque le dialogue, la compréhension, les échanges entre concitoyens. Et il ne s'agit pas là d'un constat « droit-de-l'hommiste au Café de Flore » cher à Nicolas Sarkozy ; c'est une terrible réalité. Il est illusoire d'espérer fonder une nation lorsqu'une partie de ceux qui sont appelés à l'ériger ne peut plus échanger par l'emploi de mots et de phrases compréhensibles de tous. « La parole pacifie, la parole temporise l'agression », explique lumineusement le linguiste Alain Bentolila. Or quand ceux qui n'ont pas accès à la culture, et donc sont en panne d'arguments pour s'expliquer, ont pour seule réponse « Nique ta mère » aux questions qu'on leur pose, le « vivre-ensemble » est impossible. Jean Giono, relatant au milieu des années cinquante l'affaire Gaston Dominici, eut ces mots explicites, de pleine actualité :

L'accusé n'a qu'un vocabulaire de trente à trente-cinq mots. Le président, l'avocat général, le procureur ont, pour s'exprimer, des milliers de mots. [...] Tout accusé disposant d'un vocabulaire de deux mille mots serait sorti à peu près indemne de ce procès. Si, en plus, il avait été doué du don de parole et d'un peu d'art de récit, il serait acquitté. Malgré les aveux[1].

---

1. Jean Giono, *Notes sur l'affaire Dominici*, Paris, Gallimard, 1955.

Partager un socle de connaissances et un vocabulaire commun est déterminant. Or la gauche a fait le double choix de ne pas investir la culture dans les cités et d'évider son « identité humaniste » pour épouser la posture sécuritaire propre à la droite – à ce titre, la tuerie de Nanterre en 2002, au cours de laquelle huit élus du conseil municipal furent tués et qui intervenait en pleine campagne présidentielle, marqua un tournant.

Denis Lafay. – Votre exercice de la justice et du métier d'avocat permet-il de consolider vos convictions et votre conscience politique de citoyen ? Éprouvez-vous le sentiment d'honorer votre idéal de gauche ?

Éric Dupond-Moretti. – Je suis bien conscient d'être un « bobo », un bourgeois de gauche. Cela doit-il pour autant m'interdire d'avoir un idéal et d'essayer de lui donner consistance dans le choix des dossiers et la manière de les conduire ? Non. Et effectivement, être avocat pénaliste n'est pas dissociable de cette quête.

Denis Lafay. – Le développement, phénoménal, des neurosciences et de l'intelligence artificielle va produire un nombre d'informations tout aussi considérable sur le cerveau, notamment celui des délinquants – avérés, comme en devenir. Faut-il s'en réjouir ? Au contraire, peut-on redouter l'introduction de données « spéculatives » antinomiques avec les fondements de la justice, et craindre que cela fragilise davantage l'humanité de la justice ?

Éric Dupond-Moretti. – Indéniablement, les progrès de la technologie vont modifier en profondeur le regard porté sur les crimes. Et surtout sur leurs auteurs. Aux États-Unis, des travaux de recherche semblent démontrer les spécificités des cerveaux des psychopathes. De telles révélations scientifiques sont précieuses, notamment pour comprendre le processus qui transforme l'intention en passage à l'acte, et ouvrent d'importantes perspectives – y compris thérapeutiques. Elles vont bouleverser le rapport des citoyens à la criminalité, et nécessairement celui des professionnels de la justice à ladite criminalité.

De manière forcément intuitive, mais fondée sur l'expérience de centaines de situations investiguées, j'ai acquis la conviction que l'on ne devient pas délinquant par choix. Cela quand bien même des conditions et des prédispositions sociologiques agissent, comme l'atteste la proportion de ces délinquants bien plus élevée parmi les classes sociales en souffrance ou au sein des populations d'origine immigrée – non, bien sûr, pour des raisons ethniques, mais d'intégration. Dans le domaine plus précis des affaires de mœurs, diagnostiquer une faille ou une prédisposition biologiques avant le passage à l'acte permettrait une anticipation salvatrice – pour les possibles victimes, évidemment, mais aussi pour les potentiels auteurs.

Denis Lafay. – Certes, mais l'exercice de la justice n'échappe pas aux mêmes questions éthiques fondamentales qui particularisent l'exponentielle connaissance de l'Homme : que faire des informations ? À qui revient-il de les posséder et de les exploiter ? Auprès de qui les diffuser ? Avec qui les partager ? Jusqu'où anticiper ? Quelles limites à l'exploration et à l'interprétation des données ? Comment, par exemple, la justice devra-t-elle « traiter » un homme « potentiellement » pédophile, qui

« possiblement » peut passer un jour à l'acte comme « hypothétiquement » s'en garder toute son existence ? Vous, si attaché à la sanctuarisation des libertés qui fait la frontière entre l'intention jamais mise en œuvre et l'acte, l'interminable énumération des risques doit vous interroger...

Éric Dupond-Moretti. – Ce qui concourt à améliorer la connaissance de l'Homme doit être considéré comme un progrès. Mais tout progrès a ses limites et a ses conditions, c'est-à-dire que le progrès n'est progrès que s'il est progrès humain et progrès de civilisation, que s'il est progrès des libertés de l'individu et progrès du vivre-ensemble. Donc, effectivement, l'extrême vigilance est de mise. Car les spectres rôdent, en premier lieu celui de l'eugénisme. Ces connaissances, chaque jour plus inédites, sur le fonctionnement des êtres humains convoquent un double volet : celui de la prévention, celui de la sanction. En matière de prévention, il est exact que la possession – et en effet : par qui ? pour qui ? pour quoi ? – de telles informations sur l'intimité expose au péril, immense, d'un traçage, d'un fichage, d'une stigmatisation et d'une marginalisation des individus, ouvrant la voie à une compartimentation dramatique de la société.

Denis Lafay. – Cette révolution apparaît explosive quel que soit le territoire politique et économique où elle s'exerce : elle s'expose, dans le monde occidental, à la prédation libérale et marchande, dans les régimes dictatoriaux, à une instrumentalisation supplémentaire pour contrôler et inféoder. Deux formes de totalitarisme...

Éric Dupond-Moretti. – Incontestablement. Des policiers disposent dorénavant de lunettes grâce auxquelles, en quelques millièmes de seconde, ils identifient le visage ciblé puis le fichent. Dans quel pays cet outil est-il déployé ? En Chine. Les desseins d'une telle « arme » et l'exploitation qui peut en être faite font froid dans le dos. Les progrès technologiques susceptibles de mieux connaître l'individu puis de l'asservir surgissent de manière supersonique, même s'il faut distinguer avec lucidité ce qui relève de la réalité ou encore du fantasme. Trop d'inconnues, trop de vitesse, trop de supputations, trop de questions sans réponse, trop de dangers, trop de bénéfices...

Denis Lafay. – Votre métier en est bouleversé : législation, arsenal juridique, conduite des enquêtes, stratégie de plaidoirie, rapport aux victimes et aux accusés...

Éric Dupond-Moretti. – C'est une réalité. J'ignore absolument tout de ce qu'elle contiendra ; je sais seulement qu'elle est à la lisière de notre quotidien et qu'il faudra composer avec énormément d'humilité, mais tout autant de vigilance et de détermination.

Denis Lafay. – Cet environnement sociétal, ce contexte presque civilisationnel qu'investigue notre entretien et qu'illustre le déroulement de certains des procès qui vous ont mobilisé, enfin le cadre dans lequel la justice « vit », convoquent la question : la manière dont votre métier est aujourd'hui exercé est-elle menacée ?

Éric Dupond-Moretti. – Je le pense. Et j'en suis, malheureusement, de plus en plus convaincu.

Le renoncement à réformer en profondeur voire à supprimer l'École nationale supérieure de la magistrature, le renoncement à séparer le siège du parquet, le renoncement à repenser les peines et les conditions de détention, ces renoncements et bien d'autres encore hypothèquent tout espoir de voir le fonctionnement de la justice être davantage efficace et plus... juste. Mais ce qui se prépare n'est pas « que » stagnation ; il faut s'attendre à une régression. En effet, pour des raisons économiques, l'existence des cours d'assises telles qu'elles fonctionnent aujourd'hui est en péril. Je pronostique même leur éradication d'ici à une vingtaine d'années. Procédure jugée trop lourde, volonté des juges de se passer des jurés pour décider entre eux, tout cela dans un mouvement piloté par la Chancellerie... donc par les juges eux-mêmes. Ce qui se prépare, c'est une justice *par les juges pour les juges*. Les cours d'assises vont devenir des scènes exclusivement techniques et convenues, et la disparition des jurés retirera aux avocats toute la substantifique moelle de leur métier. Mais ces derniers ne seront pas les seules, ni même les principales victimes : c'est la société dans son ensemble qui le payera cher. En effet, la considération des citoyens *pour la* justice, la confiance des citoyens *en la* justice, le lien des citoyens *avec la* justice, vont décliner davantage. *Pour la, en la, avec la* : ou plutôt *pour leur, en leur, avec leur* justice, pilier si capital de la démocratie. La justice est supposée être rendue au nom du peuple ; tout est entrepris pour que le peuple soit exclu de la justice.

Denis Lafay. – La société est tout entière portée et fascinée par le progrès, et les citoyens exigent que le progrès s'applique à chaque composante – technologie du quotidien, santé, éducation, transports, etc. – de leur existence. Le fonctionnement de l'institution judiciaire, et notamment la « qualité » des décisions rendues, n'y échappent pas. Cette institution, les justiciables mais aussi la société dont elle assure la salubrité, peuvent-ils lui faire confiance aujourd'hui davantage qu'hier ? Votre essai *Bête noire*[1], vous l'avez dédié à vos enfants « en espérant qu'ils n'auront jamais affaire à la justice ». Le citoyen et le professionnel que vous êtes ne croit plus guère en son intégrité et en son efficacité...

Éric Dupond-Moretti. – Le premier choc surgit au sortir de l'université : on découvre la différence, parfois abyssale, entre les règles et leur application. Entre les enseignements et les faits. Entre l'idéal et la réalité. Tout étudiant en droit imagine en effet que lesdites règles ont été bien pensées, garantissent une équité partout réaffirmée, honorent la présomption d'innocence, assurent que le doute profite toujours à l'accusé. Bref, toutes sortes de grands principes qui, au fond, constituent la charpente même de la justice. Une fois immergé dans la réalité de cette justice, on est frappé par l'écart d'avec ces principes pour l'emploi et le respect desquels on a été formé par les plus éminents juristes.

Puis au fil du temps et d'une pratique qui à la fois *se heurte à* et *se nourrit de* cette réalité, on expérimente la lumineuse conviction du magistrat Serge Fuster – également écrivain, sous le patronyme de Casamayor – : « La justice est une erreur millénaire qui veut que l'on ait attribué à une administration le nom d'une vertu. » En d'autres termes, l'institution qui abrite la justice partage les qualités et les travers

---

1. Éric Dupond-Moretti, *Bête noire ; condamné à plaider*, avec Stéphane Durand-Souffland, Paris, Lafon, 2012 ; J'ai lu, 2013.

communs à toutes les administrations – y compris le regrettable réflexe corporatiste et d'autoprotection. Pour autant, je crois fondamentalement en la personnalisation de la justice, et donc m'interdis de globaliser l'institution sans discernement ; la justice porte la signature de chacun de ceux qui l'exercent, un « bon » et un « mauvais » juges ne rendent pas la même justice.

La justice est prononcée par des femmes et des hommes, et donc est exposée aux tentations et aux dérives caractéristiques de la nature humaine. Parmi elles – et commune à tous ceux qui, à l'instar des policiers, font appliquer la loi –, celle d'abuser d'un pouvoir déjà substantiel. Il serait naïf de penser que l'institution judiciaire est un sanctuaire au sein duquel évolueraient des professionnels totalement intègres, totalement impartiaux, totalement lavés des imperfections propres à ce qui « fait » l'homme. Ici comme nulle part ailleurs l'onirisme n'a sa place. Et c'est d'ailleurs cette vulnérabilité qui heurte et fragilise en premier lieu les justiciables « non aguerris ».

Denis Lafay. – En définitive, la nature de vos engagements, le choix des procès qui vous mobilisent, peuvent avoir une interprétation, plus exactement une signification politique. Quelle est-elle ?

Éric Dupond-Moretti. – Être en lutte contre les directeurs de conscience, contre toutes les formes d'aseptisation, d'hygiénisme, d'hypermoralisation, de transparence qui menacent ce qui « fait » commun entre tous les citoyens : la liberté. La liberté de penser et de s'exprimer, car elle constitue le ferment principal de notre émancipation, de notre construction de femme et d'homme, de notre contribution à

« faire société ». Si, en filigrane des défenses que je conduis, je mène un combat politique, c'est celui-ci.

Denis Lafay. – Nombre d'avocats pénalistes ont en commun d'être orphelins de père, et vous-même concédez que les meilleures plaidoiries sont inspirées par un surmoi douloureux, un manque, une rage.

De cette blessure inguérissable suinte une part de folie, une névrose productive qu'on met au service des clients sans jamais chercher vraiment l'apaisement ; de ce chagrin naît, baptisé par nos larmes, l'ego fort et gourmand nécessaire pour affronter les assises[1].

Être avocat pénaliste constitue-t-il un levier résilient idoine ?

Éric Dupond-Moretti. – Les métiers qui mettent en risque et en scène publiquement correspondent à « quelque chose » qui est de l'ordre de la thérapie. Y compris lorsque l'on explore l'origine ou les ressorts narcissiques et égocentriques qui les caractérisent ; ces attributs constituent un moteur à l'élaboration et à l'entretien duquel l'histoire personnelle, affective, familiale contribue de manière significative.

Je suis devenu avocat par rejet viscéral de l'injustice et par volonté de la combattre. Mais aussi, indéniablement, parce que m'exprimer oralement me permet de juguler des névroses, de cautériser des plaies personnelles. Qu'est-ce que plaider si ce n'est brosser le portrait d'un homme ou d'une femme dans le prisme de ce que l'on est soi-même ? Cet

---

1. Éric Dupond-Moretti, *Bête noire...*, 2012, *op. cit.*

homme ou cette femme, on lui porte un regard qui, d'une certaine manière, réfléchit celui que l'on se destine. Plaider, c'est *aussi* se raconter… avec plus ou moins de bonheur et d'apaisement.

Denis Lafay. – « Il faut être un immense bon-homme pour faire un bon juge », estimez-vous. Quel type de bonhomme « fait » un grand avocat ?

Éric Dupond-Moretti. – Ce qui est valable pour un juge ne l'est pas dans les mêmes proportions pour un avocat. Être un *grand* bonhomme pour être un *grand* juge, signifie qu'il faut savoir se défier de soi. C'est-à-dire de ses *a priori*, de ses préjugés, de tout ce qui peut affaiblir l'impartialité du juge-ment. Il doit être équidistant avec l'ensemble des parties prenantes afin de garantir cette objectivité et de mettre en lumière *la* vérité là où l'avocat, de son côté, est lié à *une* vérité, « seulement » relative, qu'il est allé extraire de la trajectoire personnelle de son client. Imaginez la difficulté pour un homme de juger une personne dont l'origine, le parcours de vie, le comportement, la nature des actes incriminés, incarnent tout ce qu'il abhorre.

Denis Lafay. – Boire, fumer, manger, rire, pleurer, fêter, vitupérer, finalement « aimer » sans retenue caractérise la conception de vivre que vous avez choisie. L'homme qui consomme l'existence sans limites, qui se consume par une détermination inex-tinguible, excessive, peut-être suicidaire, de vivre, permet-il de « lire » l'avocat ?

Éric Dupond-Moretti. – En d'autres termes, vous me demandez de rédiger mon épitaphe (rires) ! L'homme et l'avocat composent un même individu, indigné, parfois excessif, passionné, hédoniste, amoureux de la liberté sous toutes ses formes. Un individu qui au quotidien peut s'émerveiller de cette liberté de voir, de raisonner, de dire, cette liberté d'éprouver des plaisirs d'une immense simplicité, comme d'écouter le bruit du vent, de manger un croissant sur le coin d'un zinc, de fumer une cigarette dans la rue, de contempler la Méditerranée. J'ai la chance, infinie, d'être libre. Et j'ai conscience de cette chance. C'est pour cette raison que je suis, en tant qu'avocat et en tant qu'homme, dans le combat pour les libertés.

Aucun nouveau monde ne naîtra grâce à ceux qui se tiennent à distance, les bras croisés. Il naîtra grâce à ceux qui sont dans l'arène, dont les vêtements sont déchirés par les tempêtes et dont le corps est mutilé par l'affrontement. L'honneur appartient à ceux qui ne renoncent jamais à la vérité même quand tout semble sombre et menaçant, qui essaient encore et encore, que les insultes, l'humiliation ou la défaite ne découragent jamais. Depuis l'aube des temps, l'humanité a respecté et honoré les hommes courageux et honnêtes.

Nelson MANDELA, *Lettres de prison*, 2018, *op. cit.*

Table des matières

Chapitre 5

J'AI LU

12925

Composition
NORD COMPO

Achevé d'imprimer en Espagne
par BLACKPRINT *(Barcelone)*
le 11 février 2020

Dépôt légal mars 2020
EAN 9782290210024
OTP L21EPLN002586N001

ÉDITIONS J'AI LU
87, quai Panhard-et-Levassor, 75013 Paris

Diffusion France et étranger: Flammarion